Hin und her führt der Weg
Das I-Ging – illustriert

Mit Zeichnungen
von
Tan Hsiaotschun

Reihe CHINESISCHE WEISHEIT

Die Freiheit des Geistes.
Ein Buch vom Zen

Das Schweigen des Weisen.
Lehrsprüche des Laotse

Die Musik der Natur.
Lehrsprüche des Dschuang Dsi

Ein Taoist reitet den Wind.
Lehrsprüche des Liä Dsi

Hin und her führt der Weg.
Das I-Ging – illustriert

Hin und her führt der Weg

Das I-Ging – illustriert

Mit Zeichnungen
von
Tan Hsiaotschun

VAK Verlag für Angewandte Kinesiologie GmbH
Freiburg im Breisgau

Titel der englischsprachigen Ausgabe:
The I Ching. An illustrated guide to the chinese art of divination.
© Asiapac Books, Singapore 1993
ISBN 981-3029-07-2

Die Deutsche Bibliothek - CIP-Einheitsaufnahme

"Hin und her führt der Weg...": das I-Ging - illustriert/
Zeichn. von Tan Hsiaotschun. Einf. von Koh Kok Kiang.
(Übers.: Michaela Bach). - Freiburg im Breisgau:
VAK, Verl. für angewandte Kinesiologie, 1995
   (Chinesische Weisheit)
   Einheitssacht.: The I-ching <dt.>
   ISBN 3-924077-61-4
NE: Dan, Xiaozhun; Bach, Michaela (Übers.); EST

© VAK Verlag für Angewandte Kinesiologie GmbH, Freiburg 1995
Übersetzung: Michaela Bach
Lektorat: Michael Kurth
Umschlagdesign / Typographie: Hugo Waschkowski
Herstellung: Rombach GmbH Druck- und Verlagshaus, Freiburg
Printed in Germany
ISBN 3-924077-61-4

Inhalt

Einführung

Das I-Ging (Yi Jin in Hanyu Pinyin) ist eines der ältesten, wenn nicht das älteste Buch der Welt. Sein Ursprung liegt zeitlich so weit zurück, daß sogar die Chinesen, die üblicherweise sehr genaue Aufzeichnungen führen, nicht genau wissen, wann es zuerst auftauchte.

Manche Gelehrten sagen, das Grundkonzept des I-Ging sei 300 vor Christus entwickelt, der Text sei im Zeitraum zwischen 1100 vor Christus und 400 vor Christus als Handbuch einer Wahrsageschule zusammengestellt worden.

Sicher ist, daß das I-Ging zur Zeit der Dschou Dynastie geschrieben wurde, die kurz von dem Jahr 1000 vor Christus an die Macht kam und dem Namen nach bis ungefähr 250 vor Christus an der Macht blieb. Die Dschou Dynastie war die zweite Dynastie des Bronzezeitalters in China, sie folgte auf die mächtigen Schang, die die Bauerndörfer des Steinzeitalters im nördlichen China um das Jahr 1750 vor Christus besiegt und geeint hatten.

Die Dschou hatten ihren Ursprung an den westlichen Grenzen des Reichs der Schang. Ein Dschou Adliger begann eine Rebellion gegen die Schang, besiegte sie und errichtete die Dschou Dynastie. Der Text des I-Ging erwähnt eine Reihe historischer Ereignisse, die sich auf den Sieg der Dschou über die Schang beziehen.

Die Geschichte des Altertums weist darauf hin, daß Wahrsager das I-Ging benutzten, um die jeweiligen Herrscher in Fragen der Kriegsführung, Eheschließungen und Nachfolge zu beraten. Die chaotischen letzten Jahrhunderte der Dschou Periode zeugten das erste goldene Zeitalter der chinesischen Philosophie. Konfuzianismus, Taoismus, Mohismus und andere Philosophien verfügten über große Anhängerschaften.

Die kurzlebige Tsin Dynastie einte von 221 vor Christus bis zu ihrem Niedergang im Jahr 206 vor Christus China noch einmal. Der erste Kaiser Chinas, Tsin Schihuang, war ein gewalttätiger und grausamer

Herrscher. Seine Tyrannei bestand zum Teil darin, daß er nicht nur die Gegenwart und die Zukunft kontrollieren wollte, sondern ebenso die Vergangenheit. Zu diesem Zweck ordnete er die Verbrennung aller Aufzeichnungen aus der Vergangenheit an, außer denen der Tsin. Außerdem wurden auch Hunderte von Gelehrten lebendig begraben. Das I-Ging war der einzige der alten Klassiker – historische Aufzeichnungen oder Bücher alter Lieder –, der verschont wurde, weil es ein Orakelbuch war und man ihm praktischen Nutzen zuerkannte.

Die Zeit der Tsin Dynastie und die frühen Jahre ihrer Nachfolger, der Han Dynastie, waren Zeiten großer psychologischer Schocks und Wiederanpassung. Die chinesische Gesellschaft befand sich im Aufruhrzustand. Die hierarchische Ordnung und das Dogma der Treue waren beiseite gefegt, und die grausame, willkürliche und, was noch beunruhigender war, unvorhersehbare Natur der Menschheit war bloßgelegt worden. Alle bisherigen Normen und Gesellschaftsstrukturen waren zusammengebrochen, waren gegen den Angriff der brutalen Tsin nutzlos gewesen. Zum ersten Mal seit Jahrhunderten stellte sich die Frage nach Grund und Sinn des Lebens. Das Feld war offen für neue Arten des Umgangs mit dem Leben und mit der Zukunft. In dieses spirituelle und kulturelle Vakuum kam die Weissagung in ihrer volkstümlichen Form. Es ist deshalb nicht überraschend, daß ein altes Orakelbuch wie das I-Ging einen neuen Grad an Autorität erreichte.

Während der Han Dynastie wurde die Ordnung wiederhergestellt, und man begann, das I-Ging nicht nur als Orakelbuch, sondern auch als Buch der Ethik und Metaphysik anzusehen. Eine Anzahl von Kommentaren wurde geschrieben, die das I-Ging in diesem Licht neu interpretierten und seinen Symbolgehalt und seine philosophische Bedeutung erklärten. Mehrere der Kommentare wurden zum Grundtext des I-Ging zusammengestellt, und so entstand das Buch, das wir heute kennen. Dies ist die Grundlage der Interpretation des I-Ging in den vergangenen zweitausend Jahren.

Während der Han Dynastie, als der Konfuzianismus die offizielle Staatsideologie wurde, betrachtete man das I-Ging als einen der fünf Klassiker. Die anderen Klassiker waren das Buch der Geschichte, das Buch der

Oden, das Buch der Riten und Zuo Tsiumings Kommentar zu den Frühlings- und Sommerannalen. Die fünf Klassiker bildeten zusammen mit den vier Büchern des Konfuzianismus – den Analekten des Konfuzius, dem Buch des Menzius, dem Großen Lernen und den Doktrien des Mittleren – einen unerläßlichen Teil der orthodoxen Bildung. So war das I-Ging allen Gelehrten des kaiserlichen China bekannt. Zu späterer Zeit erschienen auch buddhistische und taoistische Versionen des I-Ging.

Der Text, der unter den Gelehrten heute als Standardtext gilt, sind die beiden Versionen aus der Tang Dynastie, die beide in der Zeit um das siebte Jahrhundert vor Christus geschrieben wurden. Eine der beiden sind "Die Gesammelten Kommentare zu den Wandlungen" des Dschou (Dschouyi Jijie) von Li Dingzuo. Die andere ist "Die Richtige Bedeutung der Wandlungen" des Dschou (Dschou I Dschen Gi) von Kong Yingda. Beide sind uns durch Ausgaben überliefert, die um das Jahr 1000 nach Christus zur Zeit der Sung Dynastie gedruckt worden waren. Die beiden Versionen jedoch, die in der chinesischen Geschichte offiziell als die Standardtexte sanktioniert worden waren, sind die des neo-konfuzianischen Gelehrten Dschu Hi (1130-1200) aus der Sung Dynastie und die Kaiserliche Ausgabe des Jahres 1715 aus der Regierungszeit Kaiser Kang His aus der Tsing Dynastie.

Der größte Teil der Information über die Geschichte des I-Ging in dieser Comicbuchform stammt aus der Dschu Hi Ausgabe. Die Kaiserliche Ausgabe von 1715 ist diejenige, die im Westen am häufigsten übersetzt wurde. Unglücklicherweise wurde diese Version veröffentlicht, um die Herrschaft der Manchu über die Chinesen zu legitimieren und ist deshalb verdächtig.

Als die Manchu den Chinesen ihre Herrschaft auferlegten, stießen sie auf Opposition von seiten der Intellektuellen. Sie versuchten deshalb, alte Texte für das neue Regime sprechen zu lassen. Die Opposition und die Unterstützung der Tsing konzentrierte sich auf die Klassiker, besonders auf das I-Ging mit seinen kryptischen Botschaften über Freunde und Feinde, Glück und Unglück und die aus verschiedenen Hexagrammen ersichtlichen Einzelheiten, woher Verbündete oder Feinde kommen könnten. Kaiser Kang Hi gefielen die Schriften des Dschu Hi aus politischen

Gründen. Zum Beispiel ließen Dschu His Idee der Großen Vereinigung und die Bedeutung, die er der Verehrung des Herrschers zusprach, die Herrschaft des Kang Hi über das Kaiserreich als Selbstverständlichkeit erscheinen. Opportunistische Gelehrte scharten sich um die neokonfuzianische Schule, die Kang Hi bevorzugte, während die Manchugegner unter den Gelehrten sich auf die Lehren des Han konzentrierten. Die Manchugegner unter den Gelehrten behaupteten, bestimmte alte Texte seien verfälscht worden, damit sie den Neigungen der neueren Zeiten entsprächen.

Kang Hi, der auf seine klassische Bildung stolz war, fühlte, daß etwas geschehen müsse, um die Autorität der orthodoxen Interpretationen, besonders der Interpretationen, welche die Herrschaft der Manchu legitimierten, erneut zu bestätigen. Also veröffentlichte er die Kaiserliche Ausgabe des I-Ging von 1715, die nichts anderes war als politische Manipulation. Viele westliche Übersetzer wußten über den Hintergrund dieser Kaiserlichen Ausgabe von 1715 nicht Bescheid und akzeptierten sie als den Standardtext.

Von allen chinesischen Klassikern fand das I-Ging wohl die weiteste Verbreitung als westliche Übersetzung. Mehr als dreißig englische Versionen sind im Druck, und es scheint, daß es Menschen aller Lebensbereiche etwas zu bieten hat.

Das I-Ging half beispielsweise drei asiatischen Wissenschaftlern, den Nobelpreis für Physik zu gewinnen. Der japanische Physiker Hideki Yukawa gewann 1949 den Nobelpreis für seine Forschungen auf dem Gebiet der Theorie der Elementarteilchen. Die chinesischen Physiker Yang Tschen Ning und Lee Tsung Dao teilten sich den Preis 1957 für ihre Studien der Teilchenphysik. Diese Wissenschaftler sagten, sie hätten das I-Ging bei jedem Schritt ihrer Forschungsarbeit befragt.

Bis heute beruht für die Chinesen das I-Ging auf göttlichen Prinzipien, weil es die Gesetze der Wandlung der Dinge und Ereignisse beinhaltet. Tatsächlich behauptet das I-Ging, daß "die Dinge verfallen, wenn sie ihren Höhepunkt erreicht haben" und spiegelt so den grundlegenden Glauben, daß die Natur und das Leben sich in einem Kreislauf von Wachstum und Verfall befinden. Trotzdem gibt es inmitten dieser Dynamik mehrere bleibende Grundsätze, zum Beispiel "Arbeite stetig, und du wirst günstige Ergebnisse erzielen" und "Versuche nicht, etwas zu erzwingen, sondern passe dich dem Lauf der Dinge an".

In diesem Einführungsband zielen wir darauf ab, den Lesern die Theorie des I-Ging vorzustellen und zu erklären. Sie werden zu schätzen wissen, wie einfach und doch umfassend sich der Ursprung und die Logik des I-Ging in Comicform erklären lassen. Auch wird die Methode des Wahrsagens mit Hilfe von Schafgarbenstengeln Schritt für Schritt erklärt. Die Gelehrten, die sich mit dem I-Ging befassen, raten jedoch schon immer, die Befragung des Orakels auf die großen Fragen des Lebens zu beschränken.

Die Ursprünge des I-Ging*

易
经
的
产
生

* Das I-Ging ist auch als das Dschou I bekannt.

1 Im Altertum regierte Fu Hi die Welt.

2 Er schaute oft nach oben, um die himmlischen Phänomene zu beobachten...

3 ...und nach unten, um die Konturen der Erde zu untersuchen.

4 Er beobachtete auch die Zeichnung der Vögel und Tiere und studierte deren Anpassung an ihren Lebensraum.

5 Er studierte die Pflanzenwelt in all ihren Formen und untersuchte das geheimnisvolle Wirken der Natur.

14

6

Fu Hi beobachtete nicht nur die Phänomene um sich her, sondern achtete auch sorgfältig auf absichtliche Körperbewegungen und die dadurch ausgelösten Veränderungen.

7

Er glaubte, daß sowohl die äußeren Erscheinungen als auch die eigenen Bewegungen einem gemeinsamen Lebensgesetz folgten. Er war entschlossen, dieses Gesetz des Lebens zu ergründen.

8

Eines Tages entsprang ein Pferdedrachen dem Gelben Fluß.

9

He Tafel

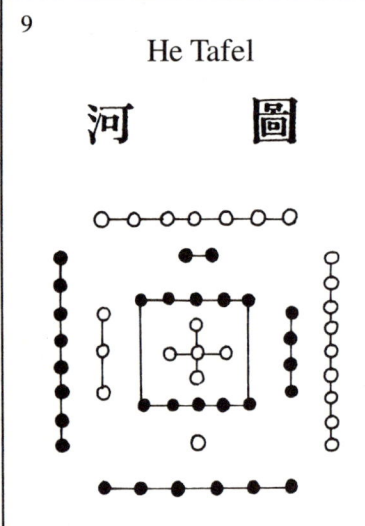
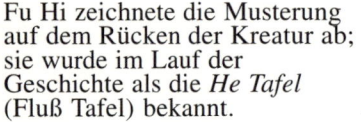

Fu Hi zeichnete die Musterung auf dem Rücken der Kreatur ab; sie wurde im Lauf der Geschichte als die *He Tafel* (Fluß Tafel) bekannt.

10

Durch Selbstbeobachtung entdeckte Fu Hi die Acht Trigramme.

11

Weil die Acht Trigramme von den Mustern und Veränderungen der Natur abgeleitet sind, spiegeln sie die Gesetze des Universums.

12

Deshalb können die Menschen sich davon führen und erleuchten lassen.

13

Sie helfen den Menschen, richtig zu handeln und Schaden zu vermeiden.

17

18

Zu der Zeit, als Yu der Große die Fluten zähmte...

...tauchte aus dem Luo Fluß eines Tages eine himmlische Schildkröte auf.

19

20

Auf ihrem Panzer waren Markierungen, die wie eine Art Schrift aussahen.

21 Luo Tafel

洛　書

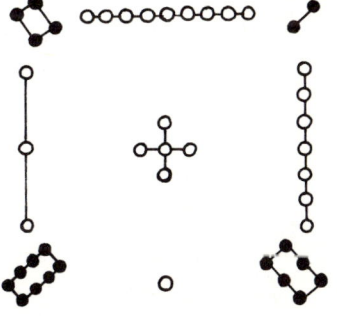

Yu der Große schrieb sie nieder, und später wurden sie als die *Luo Tafel* bekannt.

22

Begabte Menschen bildeten aus den Acht Trigrammen die 64 Hexagramme.

23

In der Hia Dynastie waren sie als *Lian Schan* (oder "die Berge, die beieinander stehen") bekannt.

24

Zur Zeit der Schang Dynastie nannte man sie *Gui Cang* (oder "Rückkehr zum Versteckten").

25

Und in der Dschou Dynastie waren sie als *Dschou I* (oder "die Wandlungen des Dschou") bekannt.

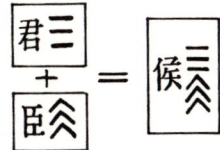

Es gab *Die Drei Alten Bücher der Wandlungen*. Obwohl ihre Symbole, Terminologie und die Abfolge der Hexagramme sich unterschieden, waren sie alle aus den Acht Trigrammen entstanden. Das *Lian Schan* und das *Gui Cang* sind heute verloren.

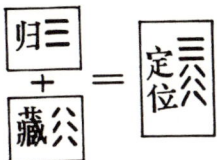

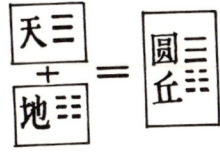

Der letzte Herrscher der Schang Dynastie, König Dschou, war ein ausschweifender Despot.

Der Herzog des Westlichen Bo, I Tschang, wurde von den eindringenden Streitkräften Schangs in Iouli für sieben Jahre eingesperrt.

29

I Tschang verbrachte die Zeit damit, das *Buch der Wandlungen* zu studieren, und verstand es gründlich.

30

Er verband seine Erkenntnisse mit den Wahrsagemethoden seiner Vorgänger; das Ergebnis war ein Orakelbuch.

Mit Hilfe des Buches wurde er schon nach einem Jahr freigelassen. Er gewann seine Ländereien zurück und wurde später König Wen der Dschou Dynastie. Das Werk, das er im Gefängnis schrieb, wurde als das *Dschou I* bekannt.

31

32

Seit damals glauben die Menschen, daß das *Dschou I* auf himmlischen Prinzipien beruht, weil es die Gesetze der Wandlung der Dinge und Ereignisse umfaßt. Es wurde wie ein Klassiker verehrt.

33

Die Gebildeten verbrachten ihre freie Zeit gerne in Betrachtung der Hexagramme und dachten über sie nach, um das darin verborgene Geheimnis zu verstehen.

34

Oft befragten Generäle die Hexagramme, bevor sie zur Tat schritten, um herauszufinden, was das Schicksal für sie bereithielt.

35

Deshalb handelten sie nicht auf die übliche Weise, sondern nahmen die Worte der Hexagramme als Leitbilder. Es schien, als erführen sie himmlische Hilfe, und der Erfolg war ihnen sicher.

36

Konfuzius hatte ein tiefes Verständnis für das Dschou I. In seinen späteren Jahren, hatte er es immer zur Hand. Im Alter von vierzig Jahren sagte er:

Gib mir noch ein paar Jahre, so daß ich das *Buch der Wandlungen* studieren kann, wenn ich fünfzig bin, und ich so große Fehler vermeiden kann.

37

Er nahm seine Kopie des *Dschou I* so oft zur Hand, daß die Bindung dreimal auseinanderfiel.

Konfuzius und andere Gelehrte aus der Frühlings- und Herbstperiode der Kriegführenden Staaten schrieben Kommentare zum *Dschou I*. Zehn der berühmtesten Werke waren gemeinsam als die *Dschou-Abhandlungen* bekannt.

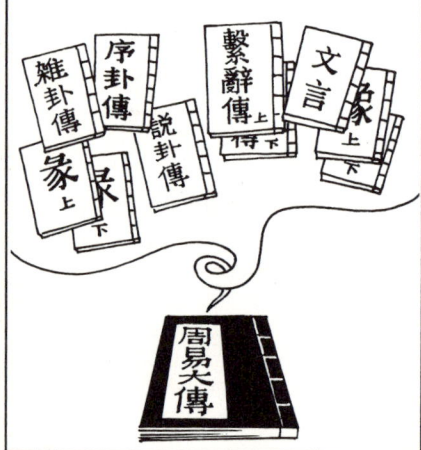

39

Das *Dschou I* selbst wurde zum Klassiker erhoben; es ist auch als der *Klassiker der Wandlungen* bekannt. An die zweitausend Jahre lang gehörte es zu den *Sechs Klassikern* des Konfuzianismus und war Pflichtlektüre der Gelehrten.

Ein geheimnisvolles Buch für alle Zeiten

今古奇书

1 Laotse, der Gründer des Taoismus, sagte: "Das Tao umfaßt alle Dinge und läßt sich nicht leicht durch Worte ausdrücken."

2 Konfuzius sagte: "Worte können die Tiefe der Sprache nicht vermitteln, und die Sprache kann die Tiefe des Sinns nicht vermitteln."

Sinn

3 Bedeutet das, daß die Erkenntnisse des Fu Hi, König Wens und anderer Weiser sich anderen nicht vermitteln lassen?

Die Begrenztheit der Sprache ist genau der Grund, weshalb die Weisen zum Vermitteln von Bedeutung abstrakte Symbole verwendeten.

4

26

Um ihrem Denken Ausdruck zu verleihen, benutzten sie Symbole wie die Trigramme, die in der Lage sind, Gegensätze darzustellen.

6

Die Weisen sahen voraus, daß die Menschen die Bedeutung der Symbole vielleicht nicht verstehen könnten. Deshalb fügten sie Schriften zur Erklärung der Hexagramme hinzu.

7

Mehr Eile, weniger Tempo.

Obwohl die Hexagramme von anscheinend trivialen Dingen handeln, können sie auch für wichtige Angelegenheiten benutzt werden. Sie scheinen einfach, sind aber tiefsinnig.

8

Diese Worte sind vielleicht knapp und einfach, doch tragen sie einen tiefen Sinn. Hinter der Einfachkeit verbirgt sich weiser Rat.

Das *Dschou I* hilft den Menschen, zwischen richtig und falsch zu unterscheiden, und gibt Anleitung zum richtigen Handeln.

9

Wenn man sich nicht nur auf die wörtliche Bedeutung des Textes beschränkt, sondern lernt, zwischen den Zeilen zu lesen, nimmt man die zugrundeliegende Weisheit wahr.

10

Nur wenn man die Beziehung zwischen den Gegensätzen der Hexagramme versteht, sieht man die ursprüngliche Bedeutung.

11

Seine eleganten Hexagramme, der tiefsinnige Text, die Fähigkeit, den Ausgang der Ereignisse zu beeinflussen, und die genaue mathematische Struktur machen das *Dschou I* für alle Zeiten zu einem einzigartigen Klassiker.

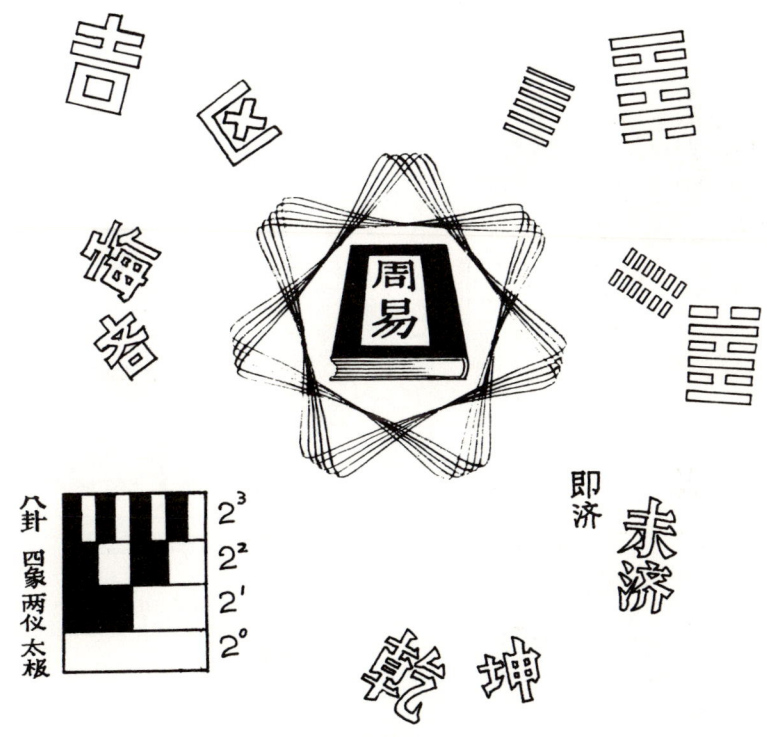

Berühmte Denker und Philosophen der chinesischen Geschichte zogen Nutzen aus den *Dschou I.*

Die Gelehrten der Zeit vor der Tsin Dynastie,

die konfuzianischen Gelehrten der Han Dynastie,

die Yin-Yang Schule,

die Buddhisten der Sui und Tang Dynastien,

die Philosophen der Sung und Ming Dynastien,

die Revolutionäre,

die Denker der jüngeren Vergangenheit.

14 Wer versuchte, die Macht zu ergreifen, versäumte nie, sich auf die Führung des *Dschou I* zu verlassen:

Li Jing, ein berühmter General, der half, die Tang Dynastie an die Macht zu bringen,

Dschuge Liang, ein großer Stratege aus der Zeit der Drei Königreiche,

Dschang Liang, ein berühmter Stratege aus der Han Dynastie,

Giang Zinya, ein Stratege, der die Dschou Dynastie mit an die Macht brachte.

15

Wissenschaftler finden Parallellen zwischen den Hexagrammen und wissenschaftlichen Formeln.

Der deutsche Mathematiker Gottfried Wilhelm von Leibnitz (1646 bis 1716) vollendete, inspiriert durch die Acht Trigramme, das binäre Zahlensystem und erfand die Integral- und Differenzialrechnung, die theoretischen Ahnen der modernen Computer.

31

Martin Schonberger stellte in seinem Buch *The Hidden Key to Life* die genaue Übereinstimmung der 64 Hexagramme des *Dschou I* mit den 64 Codes der DNS, dem genetischen Code des Lebens, heraus.

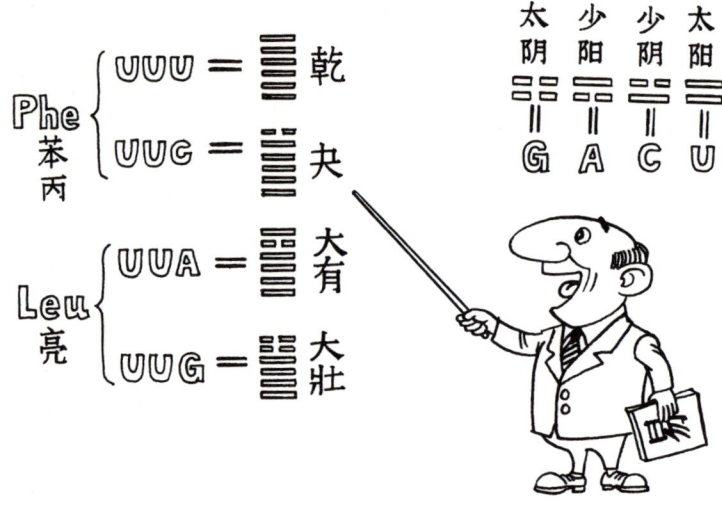

Wer an Weissagungen glaubt, kann das *Dschou I* als Orakelbuch benutzen.

In der Anwendung des *Dschou I* "sehen die Wohlwollenden Wohlwollen und die Weisen Weisheit".

19   Das *Dschou I* ist der Urquell der chinesischen Kultur, und sein Einfluß ist weitverbreitet.

Unsere Denkweise ist dialektisch und makroskopisch, sie betont Großzügigkeit und das Allumfassende.

Unsere Denkweise ist mechanisch und analytisch, sie betont Eingleisigkeit und sieht die Dinge als getrennt.

20   Vom Ganzen zum Teil.

Unsere täglichen Handlungen spiegeln unseren Geisteszustand, obwohl wir uns dessen gewöhnlich nicht bewußt sind.

Vom Teil zum Ganzen.

21

Auch im Zeitalter wissenschaftlichen Fortschritts ist das *Dschou I* weiterhin ein Juwel geblieben, das allen Schichten der Gesellschaft hilft, einschließlich der Bereiche der menschlichen Anatomie, der Kybernetik, der Systematik, der Informationstheorie, der Quantentheorie, der Theorie der Dissipationsstruktur und dem Studium der Körpermeridiane.

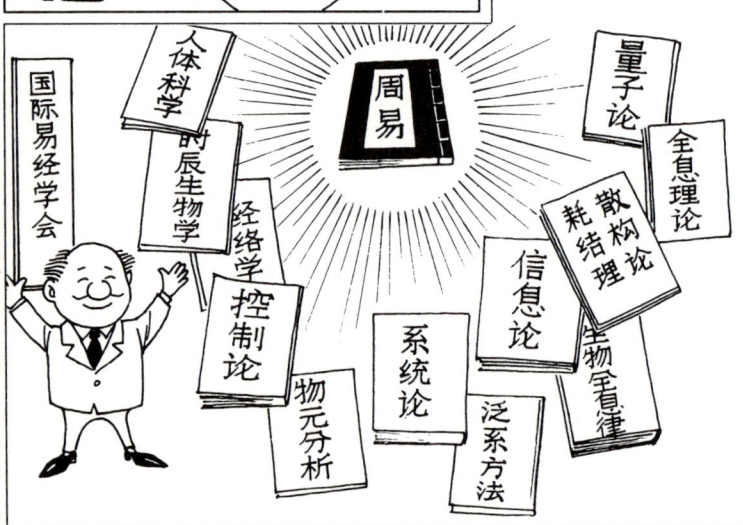

Die Logik des I-Ging

易
理

1

Alle Dinge und Ereignisse wachsen und entwickeln sich unaufhaltsam.

2

Sogar Dinge, die aus Stein gemacht sind, verfallen und halten nicht ewig.

3

Was liegt hinter all diesen Veränderungen?

4

Die Sonne und der Mond ergänzen einander, um uns Licht zu geben.

5 Der Wechsel von Hitze und Kälte gibt uns die vier Jahreszeiten.

6

Für alle Dinge und Ereignisse gibt es einen entgegengesetzten Zustand.

7

Am Tag sehen wir die Sonne.

8 Mondlicht gibt es nur, wenn es kein Sonnenlicht gibt.

37

9

Die Abfolge gegensätzlicher Zustände enthält eine Lektion für die Menschheit.

10

Die beiden Gegensätze werden "Yin" und "Yang" genannt.

11 Den Lehren der Yin-Yang Schule zufolge entspricht das Yang dem, was männlich, aktiv, kreativ, hell und hart ist. Die Symbole für das Yang sind die Sonne, das Feuer, der Drache, die Farbe Rot, der Süden, Merkur und alle ungeraden Zahlen.

Yin ist das Feminine, Passive, Empfangende, Weiche und Dunkle. Die Symbole für das Yin sind der Mond, das Wasser, die Wolken, der Tiger, die Schildkröte, die Farbe Schwarz, der Norden, Blei und alle geraden Zahlen. Das Wechselspiel von Yin und Yang läßt alle Veränderungen entstehen.

Die Raupe krümmt sich, um voranzukommen.

12

13

Die Schlange überwintert, um bis zum nächsten Jahr zu überdauern.

14

Verteidigung besteht oft darin, auf eine Angriffsmöglichkeit zu warten, und Angriff ist oft die beste Verteidigung.

15

Yin und Yang sind nicht nur gegensätzliche Zustände, sondern sie ergänzen einander auch. Das nennt man die Einheit der Gegensätze.

Nach dem Mittag beginnt die Sonne, im Westen unterzugehen. Wenn die Dinge ihren höchsten Stand erreicht haben, beginnen sie zu verfallen.

16

17

Wenn der Mond voll ist, beginnt er abzunehmen. Wenn die Dinge ihren höchsten Stand erreicht haben, beginnen sie auch abzunehmen.

18

Sogar Tag und Nacht müssen abwechseln und sich mit der Zeit und den Umständen verändern, wie viel mehr gilt das dann für den Menschen.

19

Einer, der nur weiß, wie man voranschreitet, aber nicht, wie man sich zurückzieht, wird in eine Sackgasse geraten.

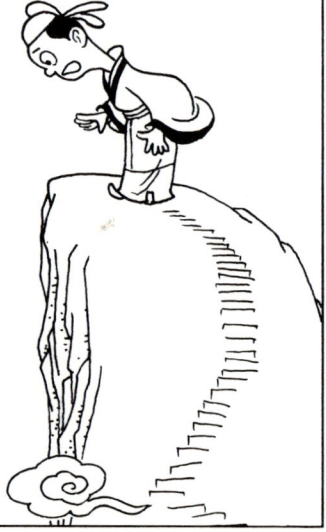

40

20

Für den, der nur ans Leben denkt und die Risiken im Leben nicht beachtet, wird die Reue zu spät kommen.

Wer nur an Gewinn denkt und nicht an die Möglichkeit des Fehlschlags, wird in Schwierigkeiten geraten.

21

22

Wer das Prinzip "wenn der Höchststand erreicht ist, geht es abwärts" versteht, gilt als Mann der Einsicht, der in seinem Kommen und Gehen frei ist.

23

Es war einmal ein blühender Staat namens Yin, dessen Herrscher Hai Ko eingebildet und eitel war. Der Staat I war der Nachbarstaat.

24

Später wurde Hai Ko vom Herrscher von I umgebracht. Sein Staat wurde geplündert. Das Glück wandelte sich in Leid.

25

Die feindlichen Armeen von I drangen in seinen Staat ein, und die Bevölkerung floh voller Schrecken.

26

Später jedoch kam die Armee von Yin zur Rettung und vertrieb den Feind. Jetzt wandelte sich das Leid in Glück.

27

Leid und Glück, Armut und Reichtum, Yin und Yang wandeln sich unter bestimmten Umständen vom einen in das andere.

42

28

Drei Fuß dickes Eis kommt nicht von einem kalten Tag.

Die Wandlung der Dinge beginnt an einem bestimmten Punkt. Wenn die Dinge eine gewisse Grenze erreicht haben, tritt unweigerlich Wandlung ein.

29

Manche guten Taten scheinen unbedeutend.

30

Aber viele kleine Taten summieren sich zu einem guten Namen.

31

Wenn man kleine Wohltaten ablehnt...

32

...und seine kleinen Fehler übersieht...

33

...kommt es soweit, daß man schwere Fehler begeht und nicht mehr zu retten ist.

34

Wenn das Wasser nur fließt, ohne sich zu sammeln, oder schneller fließt, als es sich sammelt, vertrocknet der Fluß.

35

Aber wenn das Wasser sich sammelt und nicht fließt oder nicht schnell genug fließt, bricht der Damm.

36 Zu viel Sammeln und zu viel Fließen sind nicht gut. Am besten ist ein Gleichgewicht, damit das Fließen des Wassers kontrolliert werden kann.

37 Wenn die Dinge in vernünftigen Grenzen gehalten werden und das Gleichgewicht von Yin und Yang erhalten bleibt, sind sie von Dauer.

38 Wenn Ying und Yang im Gleichgewicht sind, nennt man das den "Weg der Mitte".

39

Das Gefühl von Harmonie und Schönheit gibt es nur, wenn auch ein Hauch von Mäßigung vorhanden ist.

40

Nur wer in der Mitte ist, hat die Freiheit, in jede Richtung zu gehen.

41

Von allem, was nicht übertrieben oder untertrieben wird, kann man sagen, es sei ausgewogen oder zentriert und in Übereinstimmung mit dem Weg der Mitte.

Nur wer dem Weg der Mitte folgt, kann den Erfolg kosten.

42

43 Oft zerstört die Entwicklung der Dinge das Gleichgewicht von Yin und Yang und weicht vom Weg der Mitte ab.

44 Solange es nicht zu ernst ist, kann man es wieder richtig stellen, obwohl dazu mehr als die übliche Anstrengung nötig ist.

46 Gleichgewicht ist wie das Steuern eines Fahrzeugs. Damit das Auto auf der Straße stetig voran kommt, muß man ständig nach rechts oder links steuern.

Nur wenn "das Krumme begradigt wird", kann der Missetäter zum Weg der Mitte zurückkehren.

45

47

In den Augen eines Diebes ist Diebstahl nicht beschämend.

48

Der Bandit betrachtet Raub nicht als böse.

49

Sie bestrafen heißt verhindern, daß sie noch schlimmere Übeltaten begehen.

50

Man kann sagen, daß eine solche Strafe ihnen dient und als Segen gesehen werden kann.

51

Unterschiedliche Menschen sehen dieselbe Sache unterschiedlich.

Glück verheißend.

Furchtbar.

Gemein.

Schlechtes Zeichen.

52

Für den Sieger bedeutet Krieg Ruhm, aber für den Besiegten ist er ein Fluch.

53

In der siegreichen Nation kommt der triumphierende General in den Genuß der Kriegsbeute.

54

Aber welchen nennenswerten Ruhm gibt es für die gemeinen Soldaten, die ihr Leben auf dem Schlachtfeld ließen?

55

Wenn die Menschen die Dinge beurteilen, gehen sie von einem festen Standpunkt aus. Deshalb gibt es gegensätzliche Ansichten. Aber es gibt etwas, das über Worte hinausreicht, das sowohl das eine als auch das andere sein kann und in dem Yin und Yang sich nicht unterscheiden. Das ist das unvergleichliche Tai Chi (das Absolute oder das Erhabene Letztendliche).

Die Struktur des I-Ging

易
象

1

Die Einheit von Yin und Yang ist das Absolute. Alle Dinge und Ereignisse sind das Ergebnis von Yin und Yang, deshalb kann man sagen, daß...

Alle Dinge oder Ereignisse sind ein Teil des Absoluten.

2

Oben ist das Universum das Absolute in seiner großen Form.

3

Unten ist ein Stäubchen das Absolute in seiner kleinen Form.

4

Die Gesamtsumme von Vergangenheit, Gegenwart, Zukunft ist die Zeit in ihrem großen, absoluten Zustand.

5

Ein Augenzwinkern ist die Zeit in ihrem kleinen absoluten Zustand.

6

Nicht nur die Form, sondern auch die Attribute und die Beziehungen der Dinge und Ereignisse zueinander sind Manifestationen des Absoluten.

7

Aufgeteilt ist das Absolute Yin-Yang, das man die beiden Zustände nennt.

8

Die Einheit von Yin-Yang kann in Yin und Yang zerlegt werden.

9

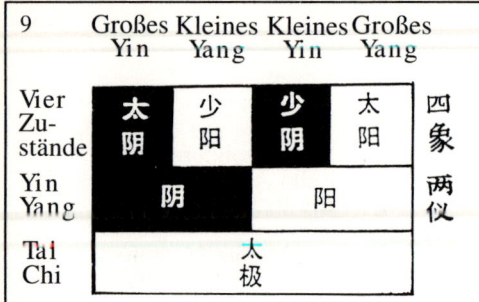

	Großes Yin	Kleines Yang	Kleines Yin	Großes Yang	
Vier Zu-stände	太阴	少阳	少阴	太阳	四象
Yin Yang	阴		阳		两仪
Tai Chi		太极			

Wenn das Absolute zweimal aufgeteilt wird, gibt es vier Formen, genannt die "vier Zustände". Von den vier Zuständen gehören unter Yang das Große Yang und das kleine Yin, unter Yin das große Yin und das kleine Yang.

10

Unterteilt man die vier Zustände weiter, werden sie zu den Acht Trigrammen.

11

Die Abfolge der Acht Trigramme des Fu Hi

伏 羲 八 卦 次 序

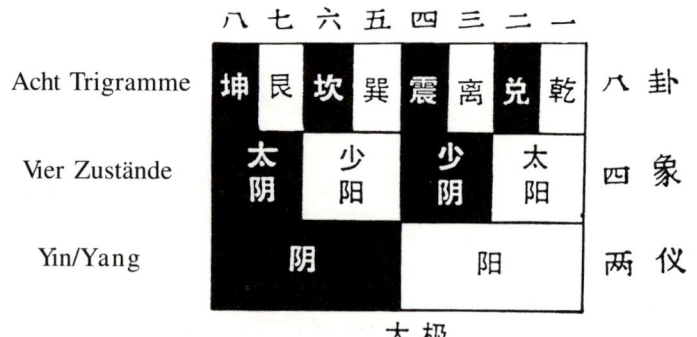

八 七 六 五 四 三 二 一

Acht Trigramme	坤	艮	坎	巽	震	离	兑	乾	八卦
Vier Zustände	太阴		少阳		少阴		太阳		四象
Yin/Yang	阴				阳				两仪

太极
Tai Chi

12

Yin
Linie

Yang
Linie

Im *Dschou I* werden
Yin und Yang durch
Symbole dargestellt.
Die Symbole heißen "Linien".

13   Die Acht Trigramme bestehen aus drei ganzen und drei durchbrochenen Linien und den daraus möglichen Kombinationen.

Symbol				
Name	乾 Kièn	兑 Dui	离 Li	震 Dschen
	1	2	3	4
Folge	一	二	三	四

Symbol				
Name	巽 Sun	坎 Kan	艮 Gen	坤 Kun
	5	6	7	8
Folge	五	六	七	八

14   Damit man die Acht Trigramme leichter behalten
konnte, wurde ein Merkspruch ausgedacht:

Kièn drei Ganze, Kun drei Durchbrochene,
Dschen ein ganzer Boden, Gen ein ganzes
Dach, Li eine durchbrochene Mitte, Kan
eine ganze Mitte, Dui ein durchbrochenes
Dach, Kun ein durchbrochener Boden.

Werden die Acht Trigramme weiter dreimal unterteilt, bekommt man Fu His 64 Hexagramme. Das ist leicht zu verstehen: Wenn man das Absolute sechsmal teilt, bekommt man 64 Hexagramme. Und die Kombinationen der Trigramme ergeben die 64 Hexagramme.

Die Abfolge der 64 Hexagramme des Fu Hi

伏　羲　六　十　四　卦　次　序

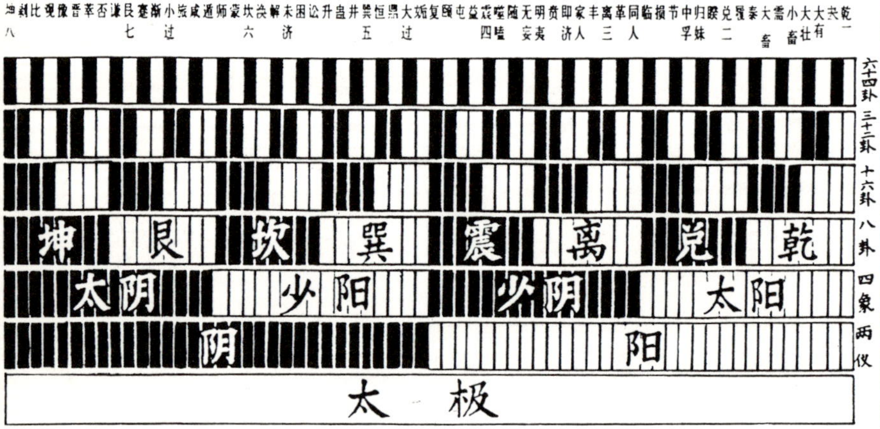

坤　艮　坎　巽　震　离　兑　乾

太陰　少陽　少陰　太陽

陰　陽

太　极

16

Die sechs Linien der Hexagramme werden von unten nach oben aufgebaut und heißen:

爻上 Oberste Linie
爻五 Fünfte Linie
爻四 Vierte Linie
爻三 Dritte Linie
爻二 Zweite Linie
爻初 Erste Linie

17 Die erste Linie stellt den Beginn der Dinge dar.

Erste Linie.

Die erste Linie gleicht den Wurzeln eines Baumes, die man nicht leicht identifizieren kann.

19

Oberste Linie.

18 Die oberste Linie stellt das Ende der Dinge dar.

20

Die oberste Linie ist das Laub,
das man leicht sehen kann.

21

Um eine Angelegenheit
in ihrer Ganzheit zu verstehen,
müssen wir sie von der ersten
(dem Anfang) bis zur obersten
Linie (dem Ende) betrachten.

22

Nehmen
wir zum Beispiel
diese Gruppe
großer und kleiner
Menschen.

Da das Absolute alle Dinge umfaßt, müssen wir zuerst
den Yin- und Yang-Aspekt der Dinge herausfinden.

23

Mit Kièn und Kun als den äußersten Grenzen von Yang und Yin ist leicht zu sehen, wer was ist.

Es ist nicht schlimm, kleiner zu sein als er.

Es ist auch nicht schlimm, größer zu sein als er.

24

Die Verbindung der Yin- und Yang-Aspekte des Absoluten verleiht den Dingen ihre Eigenart und ihren Platz in unterschiedlichen Kategorien.

25 Viele Dinge verändern sich nach dem Gesetz der Wandlungen. Ein vollständiger Zyklus von Kälte und Hitze ist das Absolute. Zum Beispiel die Reihenfolge der Jahreszeiten.

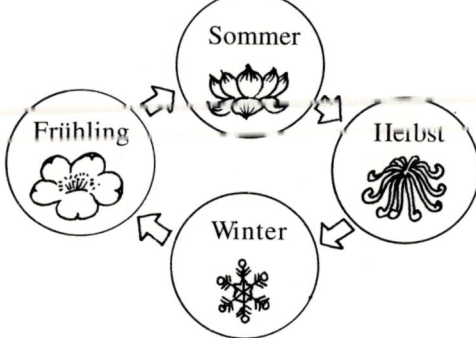

26

Fu His Tafel der Acht Trigramme

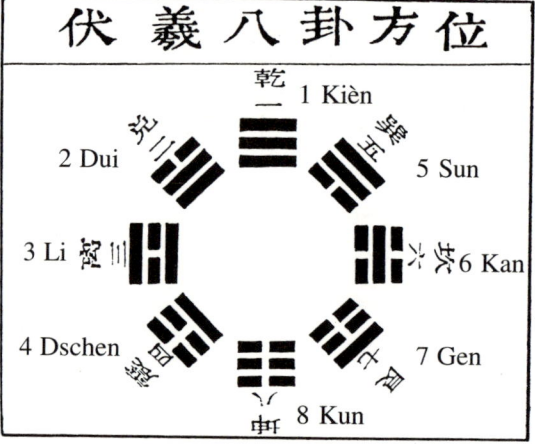

Im zweiten Jahr wiederholt sich das Muster der Jahreszeiten. Deshalb sind die Acht Trigramme kreisförmig angeordnet. Diese Anordnung heißt "Fu His kreisförmige Anordnung der Trigramme in Paaren und Gegensätzen".

Die Zyklische Tafel der 64 Hexagramme
六十四卦圆图

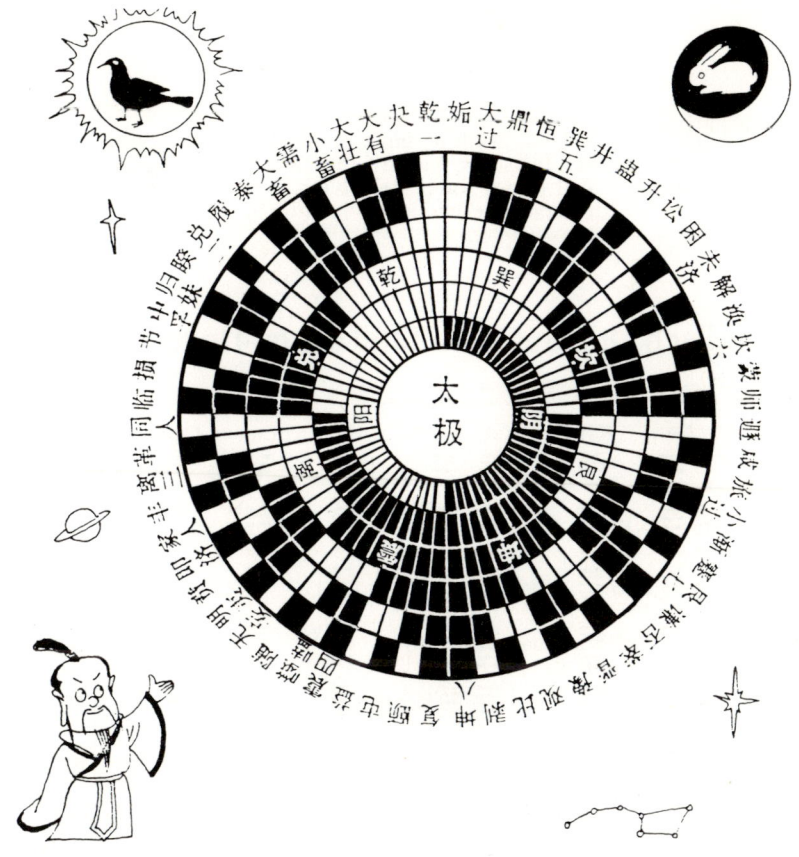

Wenn wir dies weiterentwickeln, bekommen wir eine "Zyklische Tafel der 64 Hexagramme". Weil die Wandlungen unter dem Himmel auch zyklischer Natur sind, wird die Tafel auch die "Tafel der Himmlischen Zyklen" genannt.

Man kann die Hexagramme auch quadratisch anordnen, so entsteht die "Irdisch Quadratische Tafel der 64 Hexagramme". Auf dieser Tafel steht Kièn unten, und die Reihenfolge endet mit Kun oben.

Die Irdisch Quadratische Tafel der 64 Hexagramme

	Kun	Gen	Kan	Xun	Zhen	Li	Dui	Qian	
	Kun	Bo	Bi	Guan	Yü	Jin	Cui	Pi	Kun
	Qian	Gen	Jian	Jian	Xiao Guo	Lü	Xian	Dun	Gen
	Shi	Meng	Kan	Huan	Jie	Wei Ji	Kun	Song	Kan
	Sheng	Gu	Jing	Xun	Heng	Ding	Da Guo	Gou	Xun
	Fu	Yi	Tun	Yi	Zhen	Shi Ke	Sui	Wu Wang	Zhen
	Ming Yi	Bi	Ji Ji	Jia Ren	Feng	Li	Ge	Tong Ren	Li
	Lin	Sun	Jie	Zhong Fu	Gui Mei	Kui	Dui	Lü	Dui
	Tai	Da Chu	Xu	Xiao Chu	Da Zhuang	Da You	Guai	Qian	Qian

Die Stellung der 64 Hexagramme

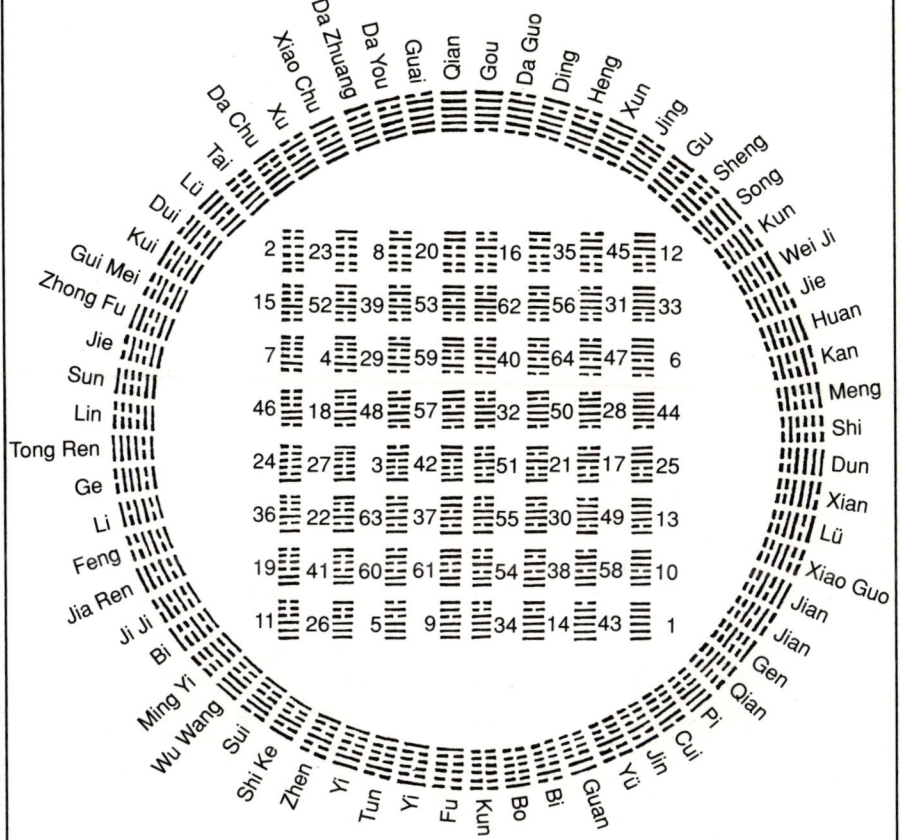

Verbindet man die runde und die quadratische Tafel, bekommen wir "Fu His Strukturtafel der 64 Hexagramme". Das Ganze wird das "I Ging des Früheren Himmels" genannt. Es zeigt, wie sich die Kombinationen von Yin und Yang in den Hexagrammen aufeinander beziehen.

Das Studium der Eigenschaften und Beziehungen der Hexagramme heißt "Das I-Ging des Späteren Himmels". Man sagt, es bekam diesen Namen, um König Wen zu ehren; es wird auch "Wen Wang" genannt.

Die Verbindung von Yin und Yang erschafft alle Dinge.

Die Beziehung zwischen Gegensätzen schafft Wandel.

Das I-Ging des Früheren Himmels.

Das I-Ging des Späteren Himmels.

Wenn die Eigenschaften der Acht Trigramme durch eine
Familie dargestellt werden:

 乾

 坤

Kièn ist hart
und wird durch
den Vater
dargestellt.

Kun ist weich und
wird durch die
Mutter dargestellt.

Die anderen sechs Trigramme werden durch die Söhne und
Töchter dargestellt.

兑
Dui

离
Li

 巽
Sun

艮
Gen

坎
Kan

震
Dschen

Die Abfolge der Acht Trigramme des König Wen

文 王 八 卦 次 序

Kièn (der Vater)

Gen
Kan
Dschen

艮
坎
震

艮 Gen   坎 Kan   震 Dschen

Der jüngste Sohn   Der mittlere Sohn   Der älteste Sohn

Kun (die Mutter)

兌
離
巽

Dui
Li
Sun

兌 Dui   离 Li   巽 Sun

Die jüngste Tochter   Die mittlere Tochter   Die älteste Tochter

33 Wenn wir die Eigenschaften der Acht Trigramme durch Tiere darstellen:

Kièn stellt die Stärke dar
– wie ein Pferd.

Kun stellt Fügsamkeit dar
– wie das Vieh.

Dschen stellt den
Donner dar –
wie ein Drache.

Sun stellt eine sich
unterordnende Rolle
dar – wie die Hühner.

Kan stellt den Zustand
des Untenseins dar –
wie ein Schwein, das
unter einem Wasserfall
steht.

34

Gen bedeutet sich
ruhig verhalten –
wie ein Hund.

Li bedeutet strahlen
wie ein Fasan, der
himmelwärts fliegt.

Dui stellt etwas dar,
das Männern gefällt
– wie Schafe.

35

Begünstigung
empfangen

Wohltat

Strafe

Autorität

Alles hat zwangsläufig eine Beziehung zu dem, was es umgibt.

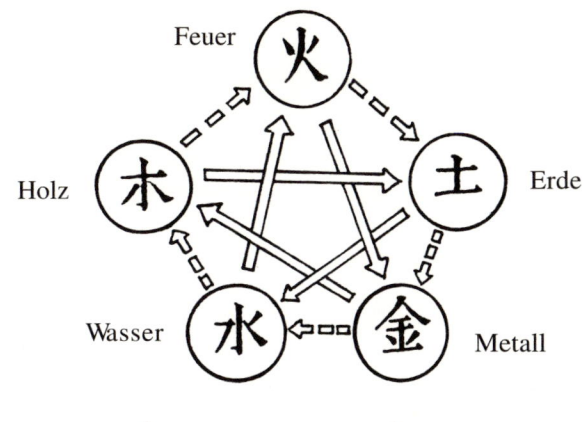

36

Die Tafel der Lebensbande und der Fünf Elemente

五 克 生 行 图

Feuer 火

Holz 木 土 Erde

Wasser 水 金 Metall

Elemente

In den alten Tagen waren die Beziehungen zwischen den Dingen als die "Lebensbande" bekannt. Metall, Wasser, Holz, Feuer und Erde wurden die "Fünf Elemente" genannt. Sie spiegelten die dynamischen Beziehungen zwischen den Dingen wider.

37

Wenn die Fünf Elemente und die Lebensbande fehlen, kehrt sich die Ordnung der Dinge um.

Wer füttert Euch, wenn ich es nicht tue?

38 Die Acht Trigramme und die Fünf Elemente halten
einander folgendermaßen im Gleichgewicht:

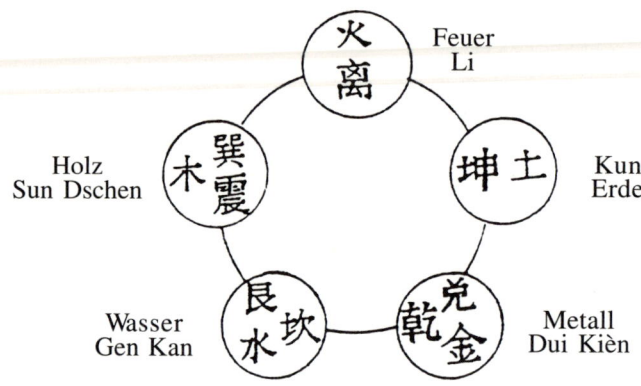

39

Die kreisförmige Anordnung
der Trigramme des König Wen

文 王 八 卦 方 位

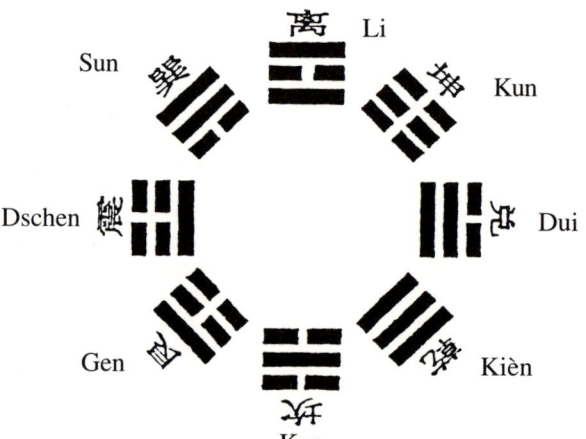

Die Acht Trigramme entsprechen den acht Richtungen, den vier
Jahreszeiten und den fünf Elementen und ergeben so:

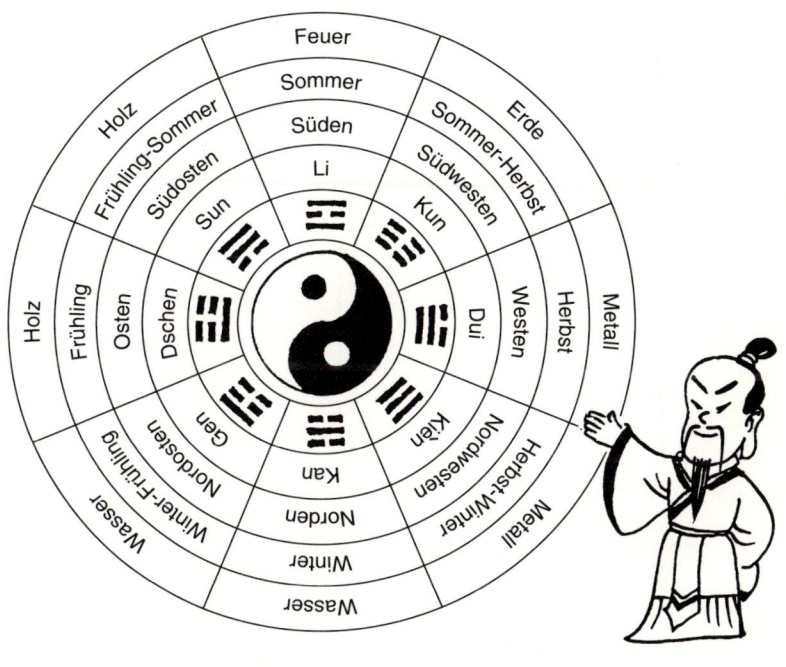

41

Das Wesen des Dschen ist Bewegung. Es ist wie die Blitze im Frühling und das erwachende Leben im Frühling. Dschen stellt auch den Donner dar.

42

Das Wesen des Sun ist das Eindringen. Es ist wie der Wind, der den Drachen in den Himmel trägt. Es stellt das blühende Leben dar, seine Zeit ist der Übergang vom Frühling zum Sommer. Sun stellt auch den Wind dar.

43

Das Wesen des Li ist das Haften. Es ist wie ein Feuer, das nur brennt, wenn etwas da ist, das brennen kann. Seine Zeit ist der Sommer. Li stellt auch das Feuer dar.

44

Das Wesen des Kun ist die Unterordnung. Es ist wie die Erde, die das Firmament trägt. Seine Zeit ist der Übergang vom Sommer zum Herbst. Kun stellt auch die Erde dar.

45

Das Wesen des Dui ist das Entzücken, es ist wie das Reifen der Dinge. Seine Zeit ist der Herbst. Dui stellt auch das Moor dar.

46

Das Wesen des Kièn ist die Stärke, es ist wie die sich ewig wandelnde Landschaft des Firmaments. Seine Zeit ist der Übergang vom Herbst in den Winter. Kièn stellt auch den Himmel dar.

47

Das Wesen des Kan ist das Sinken, es ist wie die Tiere, die im Winter in den Winterschlaf gehen. Kan stellt auch das Wasser dar.

48

Die Natur des Gen ist das Halten. Seine Zeit ist der Übergang vom Winter in den Frühling. Gen stellt auch den Berg dar, der unbeweglich ist.

Die Manifestationen der Acht Trigramme

兌	艮	离	坎	巽	震	坤	乾
Dui	Gen	Li	Kan	Sun	Dschen	Kun	Kièn

泽	山	火	水	风	雷	地	天
Moor	Berg	Feuer	Wasser	Wind	Donner	Erde	Himmel

50

Das Tao des Himmels hat Yin und Yang, das Tao der Erde hat weich und hart, das Tao der Menschheit hat Wohltätigkeit und Rechtschaffenheit.

51

Das *Dschou I* stellt den Weg des Himmels, der Erde und der Menschen dar. Deshalb bilden die sechs Linien ein Hexagramm.

Der Weg des Himmels   天道 < 阴 Yin / 阳 Yang

Der Weg der Menschen   人道 < 仁 Wohltätigkeit / 义 Rechtschaffenheit

Der Weg der Erde   地道 < 柔 weich / 刚 hart, stark

52

 上爻 Oberste Linie

 五爻 Fünfte Linie

 四爻 Vierte Linie

 三爻 Dritte Linie

 二爻 Zweite Linie

 初爻 Erste Linie

Die zweite, vierte und die
sechste Linie von unten
stellen das Yin dar.
Die erste, dritte und
fünfte Linie stellen
das Yang dar.

53

Wenn Yang und Yin auf den ihnen
zustehenden Plätzen sind, heißt das
"die Stellung wahren" und "die
Korrektheit aufrechterhalten".
Das verheißt Glück.

54

Die beiden Prinzipien ermöglichen
es dem Harten, hart zu bleiben, und
dem Weichen, weich zu bleiben.
Sonst kehrt sich die Ordnung der
Dinge um.

55

Wenn Yang und Yin sich der Stellung des anderen bemächtigen, heißt das "die Stellung verlieren" und "keine Korrektheit". Das bringt viel Unglück.

56

"Die Stellung verlieren" und "keine Korrektheit" lassen das Harte weich und das Weiche hart werden.

57

Wenn Yin und Yang Seite an Seite auf den jeweils richtigen Plätzen sind, heißt das "verträglich sein". Das verheißt Glück.

Befindet sich Yang neben Yang und Yin neben Yin, gibt es Spannung. Das nennt man "unverträglich sein". Das macht Angst.

58

Befindet sich die Yang Linie über der Yin Linie, heißt das "Yang reitet Yin" und "Yin trägt Yang". Das ist förderlich.

59

Liegt die Yin Linie über der Yang Linie, heißt das "Yin reitet Yang" und "Yang trägt Yin". Das ist schrecklich.

Familien-
mitglieder

家人

Oberste
Linie

Fünfte
Linie

Oberes
Trigramm

上卦

Vierte
Linie

Dritte
Linie

Unteres
Trigramm

下卦

Zweite
Linie

Erste
Linie

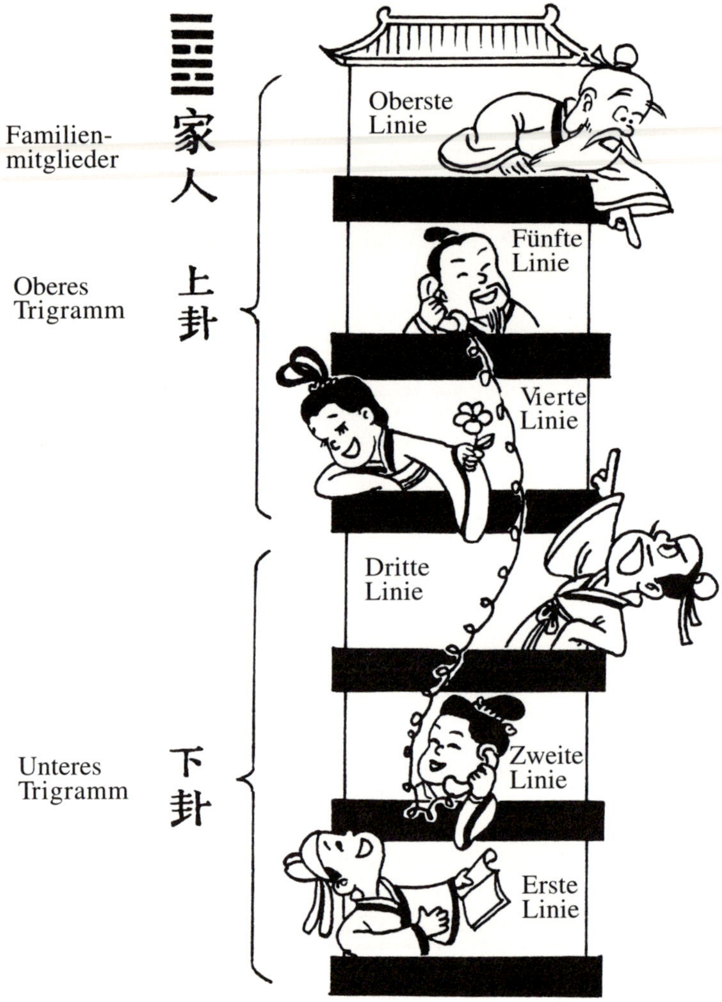

Die sechs Linien lassen sich in zwei Dreiergruppen einteilen,
wobei die eine Dreiergruppe oben und die andere unten steht. Sie
halten einander im Gleichgewicht. Wenn nicht, wenn hart und
weich gleich sind, haben sie "keine Übereinstimmung". Wenn hart
und weich sich unterscheiden, haben sie "Übereinstimmung".

Die Numerologie des I-Ging

易
数

1

Will man die Wandlungen und Beziehungen der Dinge und Ereignisse verstehen, kann man die Zahlen nicht umgehen. Zahlen lassen sich unter Yin und Yang einordnen. Gerade Zahlen fallen unter Yin und ungerade Zahlen unter Yang.

$$
\begin{array}{r}
1 \\
3 \\
5 \\
7 \\
+\;9 \\
\hline
25
\end{array}
\;+\;
\begin{array}{r}
2 \\
4 \\
6 \\
8 \\
+10 \\
\hline
30
\end{array}
\;=\; \boxed{55}
$$

Dies heißt die Numerologie des I-Ging. Die Zahlen werden zum Wahrsagen benutzt.

2

In einer der alten Tafeln der Acht Trigramme ist der weiße Teil Yang und der schwarze Yin. Das Yin-Yang Symbol stellt das Universum dar.

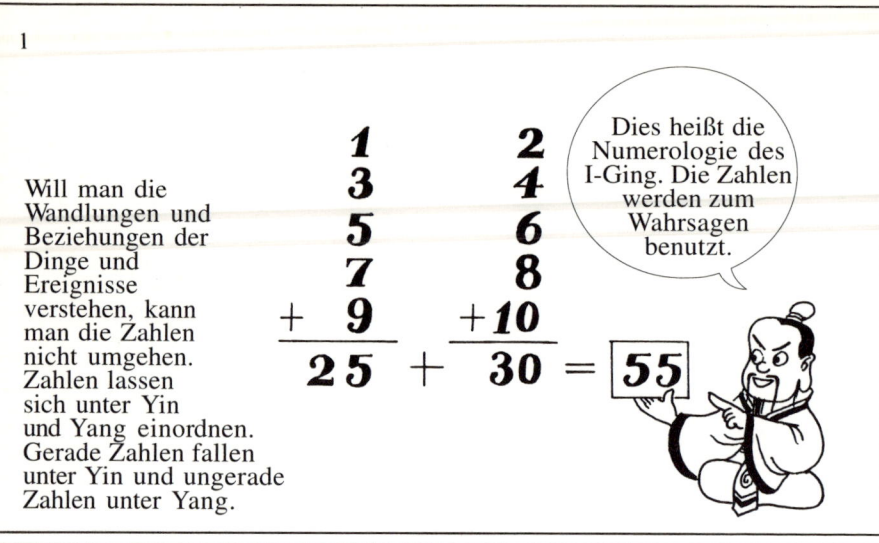

80

4	9	2	=15
3	5	7	=15
8	1	6	=15

15= ||15 ||15 ||15   =15

> Allseitige Harmonie von Yin und Yang und das ideale Muster der Dinge.

In einer der alten Tafeln, genannt das magische Dreierquadrat, sind die Zahlen so angeordnet, daß ihre Summe senkrecht, waagrecht und diagonal immer 15 ergibt.

巽 Sun 四 4	离 Li 九 9	坤 Kun 二 2
震 Dschen 三 3	中 Mitte 五 5	兑 Dui 七 7
艮 Gen 八 8	坎 Kan 一 1	乾 Kièn 六 6

Werden die Zahlen mit den Acht Trigrammen verknüpft, sehen wir das folgende Ergebnis:

Im *Dschou I* sind in den Symbolen Zahlen und in den Zahlen Symbole enthalten. Beide stammen aus der Natur und spiegeln das allgemeingültige Gesetz des Universums wider.

6 Heute lehren uns Untersuchungen des Qi Gong (Übungen zur Kontrolle des Atems) und anderer außerordentlicher Leistungen, daß Qi Gong unsere versteckten Kräfte entfalten kann und uns außergewöhnliche Fähigkeiten vermittelt.

Finger-kraft

Vorahnung

Scharfe Ohren.

Wissen um Entferntes

7

Im Altertum gab es viele Qi Gong Meister wie Fu Hi und König Wen, die auch über andere außergewöhnliche Kräfte verfügten und viel erreichten.

Sie reinigten ihren Geist und waren sorgenfrei. Sie lebten an einsamen Orten, drangen ins Herz des Qi Gong vor und sahen die Einheit des Lebens.

8

Gièn

Aus den Einsichten, die sie in das Leben gewonnen hatten, leiteten sie zum Wohl der Welt die Hexagramme ab.

9

Die Hexagramme

易
卦

1

**Wie man das I Ging befragt –
das Schafgarbenstengel Orakel**

Suche einen ruhigen Ort, wo du nicht gestört wirst. Entspanne dich und sammle deinen Geist. Denke über deine Frage nach und
2 schreibe sie auf.

3

Für das Orakel werden auf Grund der I-Ging Numerologie 55 Stengel verwendet. Lege sechs Stengel beiseite, sie repräsentieren die sechs Linien des Hexagramms. Nimm die übrigen 49 Stengel und teile sie willkürlich in zwei Haufen.

4 Nimm von einem der beiden Haufen einen Stengel und lege ihn beiseite.

5 Nimm von demselben Haufen jeweils vier Stengel auf einmal weg, bis zwischen ein und vier Stengel übrig sind.

6

Nimm von dem anderen Haufen jeweils vier Stengel auf einmal, bis ein bis vier Stengel übrig sind.

7

Lege die Stengel in den Viererhaufen aus Schritt fünf und sechs zusammen.

8

Teile diesen neuen Haufen willkürlich in zwei Haufen und wiederhole die Schritte vier, fünf, sechs und sieben.

9 Die oben genannten Schritte werden wiederholt, bis sechs bis neun Haufen von Stengeln übrigbleiben. Jede Gruppe enthält vier Stengel.

Jede dieser Möglichkeiten wird wie folgt benannt:
6 – x – Altes Yin (veränderlich)
7 —— Junges Yang
8 – – Junges Yin
9 –o– Altes Yang (veränderlich)
Der so entstandene Name ist die unterste Linie deines Hexagramms.

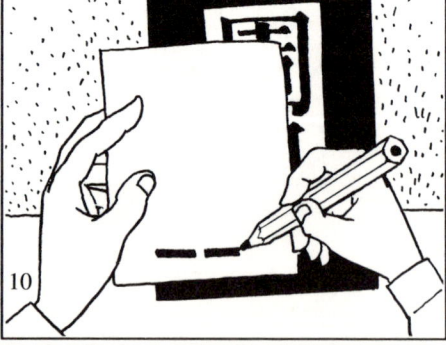

10

11 Wiederhole den ganzen Vorgang, um die anderen fünf Linien deines Hexagramms aufzubauen. Die ersten drei Linien bilden das untere Trigramm. Die nächsten drei Linien bilden das obere Trigramm. Die Zusammenstellung der sechs Linien ergibt das Hexagramm, das sich auf deine Frage bezieht.

Anmerkung: Die Zahlen sechs und neun heißen veränderliche Linien. Sie verwandeln sich in ihr Gegenteil: von Yin zu Yang, von alt zu jung, von ganzen zu durchbrochenen Linien und umgekehrt.
Sind alle sechs Linien unveränderliche Siebener und Achter Linien, ist das gebildete Hexagramm selbst der Orakelspruch. Wenn eine Linie veränderlich, also eine 6 oder eine 9 ist, ist diese Linie der Orakelspruch. Sind mehr als eine Linie eine 6 oder eine 9, entsteht ein zweites Hexagramm, indem die veränderlichen Linien sich in ihr Gegenteil wandeln, diese beiden Hexagramme bilden zusammen das Orakel.
Zum Beispiel erhalten wir, wenn wir die zweite und fünfte Linie (beide veränderlich) im folgenden Hexagramm umwandeln

```
 — —
 — — x
 ———
 ———
 ——— o
```

ein zweites Hexagramm

```
 ———
 ———
 — —
 ———
 ———
 — —
```

(Hexagramm 39).
Es ist kein Widerspruch in der Orakelantwort enthalten, denn die Hexagramme beziehen sich auf die früheren und späteren Zustände des gleichen Ereignisses oder die Abfolge von Ereignissen. Gemeinsam zeigen sie an, daß die Angelegenheit zuerst gut (oder schlecht) gehen wird, daß aber dann später eine Umkehr eintritt.

(Hexagramm 46),

Oberes Trigramm <☰
Unteres Trigramm <☰

Oberes \ Unteres	Kun ☷	Gen ☶	Kan ☵	Sun ☴	Dschen ☳	Li ☲	Dui ☱	Kièn ☰
Kièn ☰	1	34	5	26	11	9	14	43
Dui ☱	25	51	3	27	24	42	21	17
Li ☲	6	40	29	4	7	59	64	47
Dschen ☳	33	62	39	52	15	53	56	31
Sun ☴	12	16	8	23	2	20	35	45
Kan ☵	44	32	48	18	46	57	50	28
Gen ☶	13	55	63	22	36	37	30	49
Kun ☷	10	54	60	41	19	61	38	58

12

Hexagramm 1

Kièn

乾

Yang, das Aktive

Arbeite stetig, und du wirst günstige Ergebnisse erzielen.

Erste Linie Yang:
Arbeite an dir selbst
im Verborgenen.

Zweite Linie Yang: Dein
Unterfangen wird Gutes bringen.

Dritte Linie Yang:
Fleiß und
Achtsamkeit
schützen dich
vor Übel.

Vierte Linie Yang:
Folge deinen Neigungen.

Anmerkung: Der folgende Text ist die traditionelle Erklärung der veränderlichen Linien des Hexagramms. Der obige Text ist die moderne Interpretation.

Erste Linie Yang: Der Drache ist untergetaucht. Handle nicht.
Zweite Linie Yang: Der Drache erscheint auf dem Feld. Es ist lohnenswert, große Menschen zu sehen.
Dritte Linie Yang: Tagsüber tätig, nachts wachsam. Auch wenn Gefahr besteht, kommt man nicht zu Schaden.
Vierte Linie Yang: Man kann in die Tiefe springen, man wird keinen Schaden nehmen.

Fünfte Linie Yang:
Großer Erfolg ist
angesagt.

Oberste Linie Yang:
Die Dinge geschehen
entgegen deinen Wünschen.
Überschreite die Grenze nicht.

Alle Linien Yang:
Es gibt keine Grenze für das,
was du erreichen kannst.

Fünfte Linie Yang: Der Drache fliegt am Himmel. Fördernd ist es, einen großen Menschen zu sehen.

Oberste Linie Yang: Der Drache, der zu hoch fliegt, hat zu bereuen.

Alle Linien Yang: Eine Gruppe Drachen taucht auf ohne Führer.

Hexagramm 2

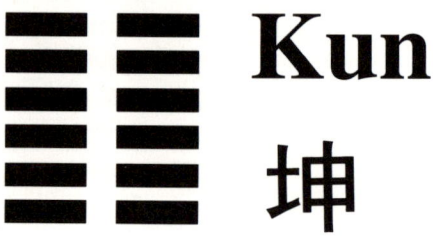 **Kun**

坤

Yin, das Empfangende

Erzwinge nichts, sondern passe dich dem Lauf der Dinge an.

Erste Linie Yin: Bereite dich auf kommende Schwierigkeiten vor.

Zweite Linie Yin: Tue, was von selbst kommt, und schreite mühelos voran.

Dritte Linie Yin: Arbeite im Verborgenen und halte dich an das, was recht ist.

Folge den Anweisungen

Vierte Linie Yin: Begabungen bleiben ungenützt. Man vermeidet Schaden, aber jede Möglichkeit, Lob zu erringen oder voranzukommen, wird versäumt.

Erste Linie Yin: Man geht auf Reif, und es nahen eisige Bedingungen.

Zweite Linie Yin: Wenn du ehrlich, aufrecht und stark bist, wenden sich die Dinge ohne große Anstrengung zum Guten.

Dritte Linie Yin: Keine Zurschaustellung der Brillanz. Er arbeitet für einen Höhergestellten, bekommt zuerst nichts, hat aber am Ende Erfolg.

Vierte Linie Yin: Der Sack ist versiegelt. Nichts kann hinein und nichts heraus. Weder Lob noch Tadel.

Hexagramm 2

Fünfte Linie Yin: Sei bescheiden, und du kommst voran. Verlasse dich auf Höhergestellte und Untergeordnete.

Oberste Linie Yin: Übermaß führt zu Fall.

Du bist entlassen

Alle Linien Yin: Sei dir selbst treu, und du wirst überstehen.

Fünfte Linie Yin: Das gelbe kaiserliche Gewand verspricht großes Glück.

Oberste Linie Yin: Drachen kämpfen, und das Blut ist dunkelgelb.

Alle Linien Yin: Fördernd ist Beharrlichkeit.

Dschun

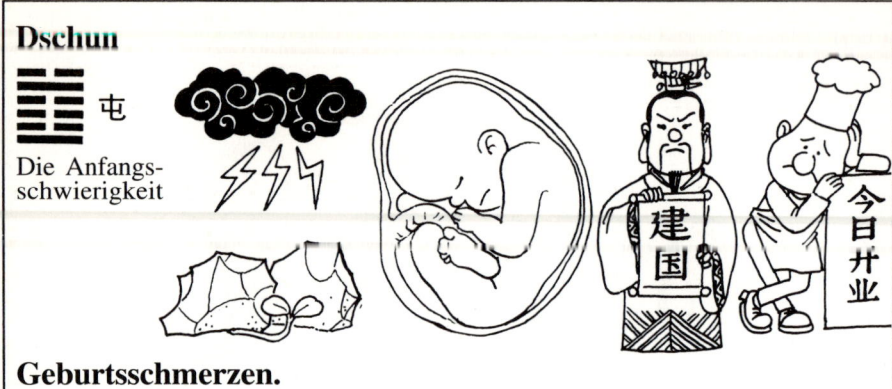

屯

Die Anfangs-
schwierigkeit

Geburtsschmerzen.

Erste Linie Yang: Dein Fortschritt
ist behindert. Warte deine Zeit ab.

Zweite Linie Yin: Unfähig
voranzukommen. Warte auf Hilfe.

Erste Linie Yang: Wenn du zögerst und nicht vorankommst,
bleibe aufrecht. Suche Helfer.
Zweite Linie Yin: Man sitzt auf einem Pferd, kommt aber
nicht voran. Ein Mädchen ist keusch; sie lehnt die Heirat ab.
Sie wird sich in zehn Jahren vermählen.

Dritte Linie Yin: Erzwinge die Dinge nicht. Eine Situation, in der du nicht gewinnen kannst.

Vierte Linie Yin: Es gibt Hoffnung. Kooperiere und schreite voran.

Fünfte Linie Yang: Spare deine Kraft, bis die Zeit zum Handeln kommt.

Oberste Linie Yin: Verzweifle nicht, sondern schaue in eine andere Richtung.

Dritte Linie Yin: Man jagt das Reh ohne Führer und verirrt sich im Wald. Voranschreiten führt zu Schwierigkeiten.

Vierte Linie Yin: Man sitzt auf einem Pferd, kommt aber nicht voran. Wenn du Partnerschaft suchst, ist es günstig voranzuschreiten. Es gibt keinen Nachteil.

Fünfte Linie Yang: Es gibt Schwierigkeiten, anderen einen Gefallen zu tun. Es ist nicht förderlich, große Dinge zu tun.

Oberste Linie Yin: Du sitzt auf einem Pferd, kommst aber nicht voran. Du kannst deine Tränen nicht kontrollieren.

Mong

蒙

Unreife

Erkenne deine Unwissenheit und bilde dich.

Erste Linie Yin: Ein wenig Gerechtigkeit hält lange vor.

Zweite Linie Yang: Zeige Verständnis bei der Ausübung von Disziplin.

Erste Linie Yin: Zu strafen, um den Unwissenden aufzuwecken, ist förderlich. Wenn man ihn ohne Einschränkung voranschreiten läßt, bringt das Reue.

Zweite Linie Yang: Mit den Unwissenden geduldig zu sein, verheißt Glück. Eine Frau zu heiraten, verheißt Glück. Der Sohn kann den Haushalt führen.

Dritte Linie Yin: Laß dich nicht durch Gier und Begehren verführen.

Vierte Linie Yin: Wenn du das Studium vernachlässigst, zahlst du den Preis für deine Unwissenheit.

Fünfte Linie Yin: Wer bescheiden und lernwillig ist, kommt weit.

Oberste Linie Yang: Bestrafe, um dem Übermaß Einhalt zu gebieten, nicht aus Ärger oder Rache.

Strafe ist gut, wenn sie im rechten Geist geschieht.

Dritte Linie Yin: Nimm das Mädchen nicht mit zu dem reichen Mann, sonst verliert sie sich, ohne daß dies Vorteil bringt.

Vierte Linie Yin: Es ist bedauerlich, in Unwissenheit getaucht zu sein.

Fünfte Linie Yin: Unschuld verheißt Glück.

Oberste Linie Yang: Das unschuldige Kind zu bestrafen, ist nicht gut. Es ist besser, es zu beschützen.

Sü

需

Geduldiges
Warten

Sei geduldig und warte deine Zeit ab.

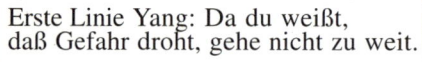

Erste Linie Yang: Da du weißt,
daß Gefahr droht, gehe nicht zu weit.

Zweite Linie Yang: Vor dir liegen
Schwierigkeiten, aber bleibe ruhig,
dann bleibst du unbeschadet.

Erste Linie Yang: Er wartet draußen auf dem Feld. Wenn deine Tugendhaftigkeit Bestand hat, gibt es keine Schuld.
Zweite Linie Yang: Das Warten im Schlamm ist gefährlich.

Dritte Linie Yang: Du bist sehr verletzlich. Sei äußerst vorsichtig.

Vierte Linie Yin: Sei stark und nimm, was kommt, so gut du kannst.

Fünfte Linie Yang: Mach eine Pause, aber vergiß nicht, daß die Aufgabe noch nicht vollbracht ist.

Oberste Linie Yang: Ein Segen, der nicht gleich als solcher zu erkennen ist. Verzage nicht. Wahre die Schicklichkeit.

Dritte Linie Yang: Das Warten im Schlamm ruft Feinde herbei.

Vierte Linie Yin: Er wartet an einem blutigen Ort und muß seinen Bau verlassen.

Fünfte Linie Yang: Warten bei Wein und Speise, Beharrlichkeit bringt Glück.

Oberste Linie Yin: Er betritt den Bau. Drei ungeladene Gäste kommen. Behandle sie korrekt, und alles wird gut.

Sung

Streit

Gespannte Lage.

Erste Linie Yin:
Klatsch behandelt
man so: Zum
einen Ohr
hinein,
zum
anderen
hinaus.

Zweite Linie Yang:
Mache Zugeständnisse.

Erste Linie Yin: Wenn man einer Sache nicht nachgeht, gibt es vielleicht Gerede, aber am Ende wenden sich die Dinge zum Guten.

Zweite Linie Yang: Wenn er sich der Herausforderung nicht stellen kann, geht er nach Hause und versteckt sich. In seiner Heimatstadt von dreihundert Familien gibt es keine Schwierigkeiten.

Dritte Linie Yin: Schütze dich vor dem Verderben und bleibe dem Streit fern.

Vierte Linie Yang: Halte deine Gefühle zurück, und es gibt keinen Verlust.

Fünfte Linie Yang: Wer aufrecht steht, gewinnt das Gerichtsverfahren.

Oberste Linie Yang: Man mag eine Klage bis zum Ende verfolgen, doch ein Rückschlag wird kommen.

Dritte Linie Yin: Obwohl er von vergangenen Verdiensten lebt, hat er schließlich Glück, wenn er fest bleibt. In der Regierungsarbeit erreicht er nichts.

Vierte Linie Yang: Seine Klage wird abgelehnt. Obwohl er Verlust hinnehmen muß, verheißt es ihm Glück, so zu bleiben, wie er ist.

Fünfte Linie Yang: Er führt eine Klage. Das verheißt großes Glück.

Oberste Linie Yang: Es wird ihm vielleicht ein lederner Ehrengürtel verliehen, doch wird er ihm dreimal an einem Tag wieder weggenommen.

Schi

师

Das Heer

Lerne die Kunst des Anführens.

Erste Linie Yin: Wenn du etwas anfängst, mußt du zuerst gut organisiert sein. Sonst führt das zu einem Fehlschlag.

Strenge Disziplin!

Zweite Linie Yang: Die Kommunikation ist gut. Der Erfolg ist gesichert.

Erste Linie Yin: Ein Heer muß geordnet ausziehen. Wenn nicht, gibt es Unglück, auch wenn der Kampf einer guten Sache gilt.

Zweite Linie Yang: Man hat Glück, denn der Anführer ist inmitten des Heeres. Er setzte nicht einen Fuß falsch. Der König ehrt ihn dreimal.

Dritte Linie Yin: Wer hohe
Ansprüche hat, aber wenig
Fähigkeiten, der lernt das
Versagen
kennen.

Vierte Linie Yin: Bleibe,
wo du bist, und sei vorsichtig.

Fünfte Linie Yin: Für wichtige
Aufgaben ernenne diejenigen,
deren Fähigkeiten erwiesen sind.

Oberste Linie Yin: Sei besonders
vorsichtig bei der
Machtübertragung.

Dritte Linie Yin: Das Heer erleidet Verluste. Unglück.

Vierte Linie Yin: Das Heer lagert weit vom Feind und vermeidet
Schaden.

Fünfte Linie Yin: Wenn Ungeziefer auf dem Feld ist, heißt es
voraussichtig handeln, wenn man es entfernt. Laß den älteren
Sohn das Heer führen. Wenn der jüngere Sohn es führte, gäbe es
viele Tote.

Oberste Linie Yin: Ein großer Anführer wählt Männer aus, um
die Staaten und mächtigen Häuser zu gründen. Für solche
Aufgaben wählt er keine kleinlichen Menschen.

Bi 比

Einheit

Zeit für Einheit und Zusammenarbeit.

Erste Linie Yin: Sei in deinen Beziehungen zu anderen ungekünstelt, und du wirst unerwartete Vorteile ernten.

Zweite Linie Yin: Baue eine gute Partnerschaft auf, das gereicht allen Parteien zum Vorteil.

Erste Linie Yin: Übereinstimmung mit dem Wahren ist ohne Makel. Wahrhaftigkeit ist wie ein einfaches Gefäß, das überfließt und anderen Glück bringt.

Zweite Linie Yin: Einheit, die aus dem eigenen Inneren kommt, verspricht Gutes.

Dritte Linie Yin: Isoliert und niedergeschlagen.

Vierte Linie Yin: Deine Aufgabe ist es, zu unterstützen. Sei wohlwollend dabei.

Fünfte Linie Yang: Bereue nicht die Vergangenheit und fürchte dich nicht vor der Zukunft. Zwinge dich anderen nicht auf.

Oberste Linie Yin: Der Augenblick für die Einheit ist vorbei. Ein Bruch ist unvermeidbar.

Dritte Linie Yin: Bündnis mit der falschen Person.

Vierte Linie Yin: Man sucht Einheit mit denen, die außerhalb des engen Kreises stehen. Das verheißt Glück.

Fünfte Linie Yang: Einheit tut not, das ist offensichlich. Der König jagt das Wild nur auf drei Seiten; er läßt die vierte als Fluchtweg offen. Wenn die Anwohner nicht argwöhnisch sind, ist es ein gutes Zeichen.

Oberste Linie Yin: Bündnis ohne Führer. Nicht förderlich.

Siau Tschu

Des
Kleinen
Zähmungs-
kraft

Aus kleinem Zuwachs entsteht Fülle.

Erste Linie Yang:
Kehre um und
meide Probleme.

Zweite Linie Yang: Weggeschleppt
werden heißt weiterer
Schaden vermeiden.

Erste Linie Yang: Er wendet sich dem wahren Weg zu. Gute Botschaft.
Zweite Linie Yang: Er wird weggezogen. Das verheißt Glück.

Dritte Linie Yang:
Sei nicht stur, sonst
machst du die Dinge
noch schlimmer.

Gib dir
mehr
Mühe.

Vierte Linie Yin:
Du brauchst eine
Beziehung, in der
ihr euch gegenseitig
stärkt.

Fünfte Linie Yang: Einheit
übt einen guten Einfluß
auf andere aus.

Oberste Linie
Yang: Spar
dir deine
Kräfte auf
und handle
nicht
unbedacht.

Dritte Linie Yang: Wagen und Achse trennen sich. Mann und Frau schauen einander haßerfüllt an.

Vierte Linie Yin: Wenn man aufrichtig ist, verdunstet das böse Blut, und die Angst löst sich auf, so daß es kein Unglück gibt.

Fünfte Linie Yang: Wenn man aufrichtig ist, schafft man gute Bande zu den Nachbarn.

Oberste Linie Yang: Es regnet, aber wenn der Regen aufhört, kann er wieder voranschreiten. Es ist gefährlich, sich auf ein Unternehmen einzulassen.

Lü

履

Vorsichtiges
Auftreten

Achte genau auf dein Verhalten.

Erste Linie Yang: Der Mann
der einfachen Tugenden
geht überall
ungehindert.

Zweite Linie Yang: Ein tugenhafter
Mensch, der sich aus der
Gesellschaft zurückzieht
und nichts sucht, stößt
nicht auf
Probleme.

Rituale   Tao

Erste Linie Yang: Wenn sein Verhalten einfach ist, stößt er nicht auf Probleme.

Zweite Linie Yang: Er geht auf dem ebenen, leichten Pfad; in Abgeschiedenheit zu bleiben, verheißt Glück.

Dritte Linie Yin: Er ist schwach, aber versucht, sich stark zu geben. Halsstarrigkeit führt zur Katastrophe.

Vierte Linie Yang: Es ist ein Risiko vorhanden, aber Entschlossenheit in Verbindung mit Vorsicht bringt Erfolg.

Schon gut.

Es tut mir leid.

Fünfte Linie Yang: Unsichere Lage. Du hast nur dann Erfolg, wenn deine Entschlossenheit nicht wankt und du dir der Gefahr stets bewußt bist und sie achtest.

Oberste Linie Yang: Du erntest, was du säest. Achte sorgfältig auf das, was geschieht, und berichtige Fehler sofort.

Dritte Linie Yin: Er kann nur mit einem Auge sehen und nur mit einem lahmen Bein gehen, er tritt auf den Schwanz des Tigers und wird gebissen. Unglück. Ein Offizier verhält sich so zum Wohl seines Herrschers.

Vierte Linie Yang: Man tritt auf den Schwanz des Tigers; sei sehr vorsichtig, und es wird gut gehen.

Fünfte Linie Yang: Er geht mit Entschlossenheit. Obwohl sein Benehmen korrekt ist, ist er von Gefahr umgeben.

Oberste Linie Yang: Er achtet darauf, wohin er tritt, er studiert die Zeichen. Er kehrt von der Reise mit erhabenem Glück zurück.

Tai

泰

Ruhe

Du bist auf dem rechten Weg.

Erste Linie Yang:
Dein Tun löst zu deinem
Vorteil eine Kettenreaktion aus.

Zweite Linie Yang: Dir wird von
allen Seiten geholfen. Kein Risiko.

Erste Linie Yang: Zieht man ein Schilfrohr heraus, zieht es andere seiner Art mit. Unternehmungen bringen Glück.
Zweite Linie Yang: Er überquert den Fluß und wird nicht weggerissen. Er übersieht nicht das weit Entfernte und sorgt sich nicht um Verbündete. So ist sein Handeln in Übereinstimmung mit ausgewogenem Handeln.

Dritte Linie Yang: Glück und Unglück können neben-einander bestehen. Achte in Zeiten des Friedens auf die Gefahr.

Vierte Linie Yin: Friede erlaubt Kooperation und Kommunikation mit denen, die über dir stehen, und denen, die unter dir stehen.

Fünfte Linie Yin: Einer, der aufrecht und fest auf dem Boden steht, ist in der Tat gesegnet.

Oberste Linie Yin: Wenn der Frieden endet, beginnt das Chaos. Bereite dich auf Unruhen vor.

Dritte Linie Yang: Es gibt keine Ebene ohne einen Abhang, kein Gehen ohne Wiederkehr. Sei fest, und du trägst keinen Makel. Sorge dich nicht; deine Aufrichtigkeit wird dir helfen, dich zu etablieren.

Vierte Linie Yin: Er verläßt sich nicht auf seine eigenen Finanzen, sondern wendet sich an seine Nachbarn. Er vertraut ihnen und weicht ihnen nicht aus.

Fünfte Linie Yin: Der Kaiser verheiratet seine jüngere Schwester. Großes Glück.

Oberste Linie Yin: Die Stadtmauer bricht und fällt in den Stadtgraben. Schicke das Heer nicht aus. Aus der Hauptstadt kommt der Befehl zu halten. Weitermachen bedeutet Schwierigkeiten.

Pi

Stockung

否

Eine Zeit der Stockung.

Erste Linie Yin: Ziehe dich aus dem vorherrschenden Tumult und der Degeneration zurück und mische dich nicht ein. Laß dich nicht hineinziehen.

Zweite Linie Yin: Mache es nicht so, wie die kleinlichen Menschen.

Das ist für Euch.

Erste Linie Yin: Wenn man ein Schilfrohr herauszieht, zieht es andere seiner Art mit sich. Festes und korrektes Handeln bringt Wohlstand.

Zweite Linie Yin: Der geringere Mann hat Glück, aber die Hindernisse, die auf dem Weg des großen Mannes liegen, bringen ihn nicht von seinem Ziel ab.

Dritte Linie Yin: Hüte dich vor kleinlichen Menschen, die zu extremen Maßnahmen greifen, um dich in Versuchung zu führen. Kannst du sie nicht ändern, halte dich von ihnen fern.

Vierte Linie Yang: Halte den Kurs, und es gibt Hoffnung.

Fünfte Linie Yang: Verwandle Gefahr in Sicherheit und überwinde die Krise. Sei nicht lässig und laß in deinen Anstrengungen nicht nach.

Oberste Linie Yang: Nach dem Mißgeschick kommt die Freude.

Dritte Linie Yin: Es ist beschämend hereinzufallen.

Vierte Line Yang: Wenn Ordnung herrscht, gibt es keine Schuld. Wenn seine Gefährten kommen, freuen sie sich an seinem Segen.

Fünfte Linie Yang: Das Hindernis ist beiseite geschafft, er ist glücklich. Er sollte achtgeben und sich vor Zerstörung schützen.

Oberste Linie Yang: Die Blockierung ist beiseite geschafft. Zuerst blockiert, danach glücklich.

Tung ,Jen

同人

Gemeinschaft
mit anderen

Arbeite mit anderen Hand in Hand.

Erste Linie Yang: Sei nicht
parteiisch in deinem Umgang.

Zweite Linie Yin: Cliquenbildung
und Exklusivität führen
zu Engstirnigkeit.

Erste Linie Yang: Sei wie die Menschen am Tor, und du
bleibst ohne Makel.

Zweite Linie Yin: Im Umgang mit Menschen stammesbewußt
zu sein, führt zu Bedauern.

Dritte Linie Yang: Beiderseits Verdacht hegend und Ränke schmiedend.

Vierte Linie Yang: Führe keinen Angriff durch für eine ungerechte Sache. Am angebrachtesten ist gute Verteidigung.

Fünfte Linie Yang: Drohung, hinter der Macht steht.

Oberste Linie Yang: Harmonie ist ihr eigener Lohn.

Dritte Linie Yang: Er versteckt die Soldaten im Gestrüpp und steigt auf den Berg, er unternimmt drei Jahre lang nichts.

Vierte Linie Yang: Er ersteigt die Stadtmauer, kann aber nicht angreifen. Gutes Omen.

Fünfte Linie Yang: Mit anderen zuerst Geschrei, dann Gelächter. Der große General erobert alles auf seinem Weg.

Oberste Linie Yang: Man kann wie die Menschen auf dem Land ohne Bedauern sein.

Da Yu

大有

Fülle

Nutze deinen Reichtum an Erfahrung.

Erste Linie Yang: Wenn du dich von der Gefahr fernhältst, kannst du dich schützen.

Zweite Linie Yang: Du verfügst über reichliche Mittel und kannst eine wichtige Aufgabe ausführen.

Erste Linie Yang: Beteilige dich nicht an dem, was schädlich ist, und du bleibst makellos.

Zweite Linie Yang: Der große Wagen ist sicher, wohin er auch fährt.

Dritte Linie Yang: Beschäftige dich nicht mit Status oder Reichtum. Gib dein Geld weise aus, damit du anderen nützt.

Vierte Linie Yang: Beteilige dich freiwillig, damit du dir nicht das Mißfallen anderer zuziehst.

Fünfte Linie Yin:
Sei offen und ehrlich, aber auch würdig und ernst, und niemand nimmt dich auf die leichte Schulter.

Oberste Linie Yang: Wenn du richtig lebst, helfen dir der Himmel und die Menschheit.

Dritte Linie Yang: Ein Herzog feiert den Sohn des Himmels. Ein kleiner Mann kann das nicht.

Vierte Linie Yang: Da er Prahlerei meidet, wendet er Schaden ab.

Fünfte Linie Yin: Das Vertrauen ist gegenseitig und von Würde durchdrungen und bringt förderliche Ergebnisse.

Oberste Linie Yang: Die Hilfe des Himmels gereicht allen zum Wohl.

Kièn

Bescheidenheit

Passe dich den Umständen an.

Erste Linie Yin:
Große Bescheidenheit
ist das Kennzeichen
eines edlen Herrn.

Zweite Linie Yin: Bescheidenheit,
die von innen kommt,
bringt einen weit.

Erste Linie Yin: Mit wahrer Bescheidenheit ist der große
Mann fähig, den Fluß zu überqueren.
Zweite Linie Yin: Bescheidenheit spricht für sich selbst.
Glück kommt vom richtigen Benehmen.

Dritte Linie Yang: Laß dir Ruhm nicht zu Kopfe steigen, sondern bleibe bescheiden.

Vierte Linie Yin: Laß dich nicht von Schmeicheleien betören, und du brauchst keinen guten Ruf.

Fünfte Linie Yin: Auch Bescheidenheit kann zu weit getrieben werden. Sei nicht übermäßig bescheiden.

Oberste Linie Yin: Bescheiden sein heißt nicht, daß man schwach ist. Manchmal ist es angebracht, Stärke zu zeigen.

Dritte Linie Yang: Gebildete Menschen, die schwer arbeiten und doch bescheiden sind, haben am Ende Glück.

Vierte Linie Yin: Bleibe immer bescheiden.

Fünfte Linie Yin: Nach den Maßstäben seines Nachbarn gilt er nicht als reich. Die Zeit ist reif für einen Beutezug. Er braucht keinen Reichtum, um den guten Willen anderer zu erhalten.

Oberste Linie Yin: Seine Bescheidenheit ist wohlbekannt. Es ist förderlich für ihn, ein Heer ins Feld zu führen und gegen Städte und Staaten zu marschieren.

Yü

豫

Begeisterung

Harmonisiere deine Ziele mit den Zielen anderer.

Erste Linie Yin: Selbstverherrlichung ist Selbstzerstörung.

Zweite Linie Yin: So bleiben, wie man ist, bringt Glück.

Erste Linie Yin: Er verkündet sein Glück. Unheil.

Zweite Linie Yin: Er ist hart wie ein Stein und wartet nicht bis zum Ende des Tages.

Dritte Linie Yin: Der Schmeichler zieht immer mehr Leiden auf sich.

Vierte Linie Yang: Freude kommt von innen.

Fünfte Linie Yin: Übermäßiger Genuß der Sinnesfreuden ist wie eine Krankheit, die den Körper quält.

Oberste Linie Yin: Es ist Zeit, auf schlechte Dinge oder Gewohnheiten zu achten und sich der nüchternen Realität anzupassen.

Dritte Linie Yin: Wenn du nach oben schaust und Glück erwartest, wirst du das bedauern. Verzögerung führt zu Leid.

Vierte Linie Yang: Die Quelle der Freude zu sein, bringt großen Gewinn. Freunde sammeln sich um dich.

Fünfte Linie Yin: Er ist standfest, und obwohl er leidend ist, stirbt er nicht.

Oberste Linie Yin: Der Höhepunkt des Glücks. Wenn er die Kraft hat, die Richtung zu wechseln, gibt es keine Schuld.

Sui

随

Nachfolge

Halte dich zurück und sei anderen nützlich.

Erste Linie Yang: Halte mit den Wünschen des Volkes Schritt.

Zweite Linie Yin: Nahe Freunde und Nachbarn sind besser als entfernte Verwandte.

Erste Linie Yang: Das Maßgebende ändert sich. Er hat Glück, weil er sich weise verhält. Beziehungen außerhalb des Tores haben Verdienst.

Zweite Linie Yin: Er läßt sich mit einem Kind ein und verliert einen Erwachsenen.

Dritte Linie Yin: Ein unedles Leben wird in die Länge gezogen, nur weil man am Leben bleiben will.

Vierte Linie Yang: Opfere die Tugend nicht dem Gewinn.

Fünfte Linie Yang: Wer auf den Rat von Untergeordneten hört, kann viel erreichen.

Oberste Linie Yin: Jemand hat Macht über dich, und du mußt mit ihm arbeiten, ob du es magst oder nicht.

Dritte Linie Yin: Er läßt sich mit einem Erwachsenen ein und verliert ein Kind.

Vierte Linie Yang: Er folgt dem Erwachsenen und lehnt das Kind ab. Dadurch wird er finden, was er sucht. Es wird ihm von Vorteil sein, auf dem rechten Weg zu bleiben.

Fünfte Linie Yang: Treue wird belohnt. Glück.

Oberste Linie Yin: Wenn du an etwas gebunden bist, teilst du dessen Schicksal. Der König bringt ein Opfer dar.

Gu
蛊

Verfall

Arbeite entschlossen daran, die Dinge richtigzustellen.

Erste Linie Yin: Mach das Beste aus einer verworrenen Situation.

Zweite Linie Yang: Vermeide Übermaß, sei lieber bescheiden.

Erste Linie Yin: Der Sohn bringt Ordnung in die Unordnung, die durch den Vater entstand. Wenn er geschickt ist, wendet sich am Ende alles zum Guten.

Zweite Linie Yang: Wenn er die Unordnung ordnet, die durch die Mutter entstand, sollte der Sohn nicht übereifrig sein.

Dritte Linie Yang:
Es gibt zwar etwas
Kritik, aber sie
ist nicht weit
verbreitet.

Vierte Linie Yin:
Wer nicht wagt,
gewinnt nicht.

Fünfte Linie Yin: Anhaltende
Mühe und Entschlossenheit
im Angesicht von
Schwierigkeiten
bringen gute
Ergebnisse.

Oberste Linie Yang: Ein Weiser
mag sich aus der Welt zurückziehen,
aber sogar dann setzt er
anderen ein Beispiel.

Abgeschiedenheit.

Dritte Linie Yang: Der Sohn bringt Ordnung in die Unordnung des Vaters. Es gibt wenig Reue und keinen großen Makel.
Vierte Linie Yin: Er toleriert die Unordnung, die sein Vater verursachte; wenn er so weitermacht, wird er gedemütigt.
Fünfte Linie Yin: Der Sohn bringt Ordnung in die Unordnung, die sein Vater verursachte, und gewinnt einen Preis.
Oberste Linie Yang: Er will nicht für Könige oder Fürsten arbeiten, da er seinen Blick auf etwas Höheres gerichtet hat.

Lin

临

Aufsicht

Nutze deine vorteilhafte Lage.

Erste Linie Yang: Stecke deine Ziele hoch, obwohl deine Stellung bescheiden ist.

Zweite Linie Yang: Mit der Unterstützung anderer kommst du stetig voran.

Erste Linie Yang: Er beaufsichtigt die Dinge auf vernünftige Art. Das verheißt Glück.

Zweite Linie Yang: Wenn man die Dinge auf vernünftige Art beaufsichtigt, bleibt das nicht ohne Vorteil für andere.

Dritte Linie Yin: Hüte dich vor Schmeichelei oder süßen Worten.

Vierte Linie Yin: Sei offen und vorurteilslos, und andere werden auch so reagieren.

Fünfte Linie Yin: Wähle fähige Leute als deine Helfer und gib ihnen freie Hand bei der Ausführung.

Tritt bei.

Oberste Linie Yin: Weisheit wird strahlen. Der Weise wird führen.

Dritte Linie Yin: Falsche Aufsicht bringt keinen Vorteil. Wer schaut, bevor er springt, macht keinen Fehler.

Vierte Linie Yin: Vollkommene Aufsicht bleibt ohne Makel.

Fünfte Linie Yin: Gekonnte Aufsicht ist das Zeichen eines guten Führers. Das verheißt Glück.

Oberste Linie Yin: Aufmerksame Aufsicht ist makellos.

Guan

观

Beobachtung

Eine Zeit, um Inventur zu machen. Betrachte dich genau.

Erste Linie Yin:
Eine naive Art, die Dinge zu sehen.

Bist du ein braver Mann oder ein Schurke?

Zweite Linie Yin: Wenn du die Dinge von einem begrenzten Standpunkt aus siehst, sind deine Folgerungen begrenzt und subjektiv.

Erste Linie Yin: Er sieht die Dinge auf kindliche Art. Das ist für einen geringen Mann in Ordnung, aber nicht für den großen Mann.

Zweite Linie Yin: Von innen nach außen spähen, passiv wie eine Frau.

Dritte Linie Yin: Laß nichts unversucht

Untersuchungsbericht.

Vierte Linie Yin: Sei unabhängig und unparteiisch. Sei dir selbst ein Licht.

Fünfte Linie Yang: Versuche, dich mit den Augen anderer zu sehen.

Bittschriften

Oberste Linie Yang: Der Weise ist frei vom Ego und den Sorgen der Welt. Für ihn sind das Leben und der Tod gleich.

Dritte Linie Yin: Er untersucht sein Leben, so daß er sich entscheiden kann, ob er voranschreiten oder sich zurückziehen soll.
Vierte Linie Yin: Es ist nützlich, der Gast des Königs zu sein, um die Errungenschaften des Staates kennenzulernen.
Fünfte Linie Yang: Er untersucht sein eigenes Leben. Der Weise tut kein Unrecht.
Oberste Linie Yang: Er untersucht das Leben anderer. Er wird nicht in Irrtum verfallen.

Shi IIo

噬
嗑

Durch-
beißen

Bediene dich strenger Maßnahmen.

Erste Linie Yang: Er wird für ein kleines Vergehen bestraft, damit er kein größeres begeht. Lerne aus Fehlern.

Zweite Linie Yin: Grabe tief, um verdeckte Gefahren aufzuspüren. Sei sehr vorsichtig.

Erste Linie Yang: Er steckt mit den Füßen im Block. Das wendet Schaden ab.

Zweite Linie Yin: Er beißt so tief ins Fleisch, daß es seine Nase bedeckt. Kein Makel.

Dritte Linie Yin:
Hüte dich vor weiteren Versehen.

Vierte Linie Yang: Der ehrenwerte
Mann überwindet Hindernisse,
um weiterzumachen.

Fünfte Linie Yin: Er bleibt in der
Gefahr aufrecht und verwandelt
Gefahr in Nutzen.

Oberste Linie Yang: Du kannst deine
eigenen Fehler nicht sehen und hörst
nicht auf Ratschläge. Kleine Sünden
addieren sich zu einem
kolossalen Verbrechen.

Dritte Linie Yin: Er beißt auf getrocknetes Fleisch und ist vergiftet. Ein paar Schwierigkeiten, aber kein Schaden.

Vierte Linie Yang: Er beißt in getrocknetes Fleisch und findet eine bronzene Pfeilspitze. Es ist förderlich, im Angesicht von Schwierigkeiten weiterzumachen. Glück.

Fünfte Linie Yin: Er beißt auf getrocknetes Fleisch und findet ein kleines Goldstück. Bleibt er in der Gefahr fest, gibt es keine Schwierigkeiten.

Oberste Linie Yang: Er steckt in einem hölzernen Kragen, der ihm bis über die Ohren reicht. Es wird Unglück geben.

Bi

Schmücken

Verpacke die Dinge gut.

Erste Linie Yang:
Schreite durch
eigene Kraft
voran, statt
dich auf andere
zu verlassen.

Zweite Linie Yin: Er legt
Wert auf Erscheinung.

Erste Linie Yang: Seine Füße sind geschmückt. Er läßt seinen Wagen zurück und geht.
Zweite Linie Yin: Er schmückt seinen Bart.

Dritte Linie Yang: Bewerte die Form nicht höher als den Gehalt.

Vierte Linie Yin: Das Einfache, aber Tugendhafte ist dem Strahlenden, aber Degenerierten vorzuziehen.

Fünfte Linie Yin: Innere Gefühle und Aufrichtigkeit zählen, nicht der Putz und das Vorzeigen von Reichtum.

Die Bande des edlen Mannes sind so einfach wie Wasser.

Oberste Linie Yang: Gib das Künstliche auf und kehre zur Einfachheit zurück.

Dritte Linie Yang: Geschmückt und strahlend hat er Glück, wenn er standfest und wahr bleibt. Betone die Form nicht mehr als den Inhalt.

Vierte Linie Yin: Geschmückt, doch einfach ist das weiße Pferd leichtfüßig.

Fünfte Linie Yin: Obwohl er geschmückt ist wie ein Berggarten, bietet er nur wenige Stoffballen an. Seine Schwierigkeiten enden in Glück.

Oberste Linie Yang: Einfacher Schmuck ist makellos. Schaden abgewendet.

Bo

剥

Loslösung

Handle vorerst nicht.

Erste Linie Yin: Ein kleines Loch kann den Zusammenbruch eines großen Schutzwalls verursachen.

Zweite Linie Yin: Die Dinge werden immer schlechter.

Erste Linie Yin: Er zerbricht den Fuß des Bettes. Es ist schlecht, etwas Gutes zu zerstören.

Zweite Linie Yin: Er zerbricht den Rahmen des Bettes. Es ist schlecht, etwas Nützliches zu zerstören.

Dritte Linie Yin: Erhalte dir deine Integrität, und es wird keine Reibung geben.

Vierte Linie Yin: Du stehst am Rande des Verderbens. Halte das Unvermeidliche aus und schaue nach vorn auf den Wiederaufbau.

Fünfte Linie Yin: Gegenseitige Hilfe. Zusammenarbeit im Leben.

Oberste Linie Yang: Totaler Zusammenbruch. Vollkommenes Versagen.

Dritte Linie Yin: Er ist derjenige, der die Dinge zerbricht. Das ist kein Fehler.

Vierte Linie Yin: Er zerstört sowohl das Bett als auch die Bettdecke. Das ist schlecht.

Fünfte Linie Yin: Ein Fisch an einer Schnur, aber geschätzt wie eine Palastdame. Nicht unförderlich.

Oberste Linie Yang: Die größte Frucht ist nicht gegessen. Der Fürst gewinnt Wagen, die Hütte des kleinen Mannes wird zerstört.

Fu

Wiederkehr

Eine Zeit der Erneuerung.

Erste Linie Yang: Er gesteht seine Fehler ein und wird wieder gut.

Zweite Linie Yin: Es ist ein Segen, sich in ganz kurzer Zeit zu verbessern.

Bereue.

Erste Linie Yang: Er kehrt wieder, bevor er weit gegangen ist. Es wird keine Reue geben. Er wird sehr viel Glück haben.
Zweite Linie Yin: Gute Wiederkehr. Das verheißt Glück.

Dritte Linie Yin: Es gibt ein Risiko. Denke sorgfältig nach, wenn du zu handeln beabsichtigst.

Vierte Linie Yin: Wenn du die Gelegenheit, dich zu bessern, nützt, sei dir bewußt, daß dein Pfad vielleicht einsam wird. Jedoch könnte dir von einem Freund Hilfe zuteil werden.

Fünfte Linie Yin: Der entschlossene Mann hat nichts zu bedauern.

Oberste Linie Yin: Wer den falschen Weg einschlägt und sich weigert, sein Verhalten zu bessern, hofiert dem Unglück.

Dritte Linie Yin: Er kehrt viele Male zurück. Gefahr, aber kein Schaden.

Vierte Linie Yin: Er macht sich mit anderen auf den Weg, kehrt aber allein zurück.

Fünfte Linie Yin: Er kehrt mit Würde zurück. Es gibt keine Reue.

Oberste Linie Yin: Er erhielt irreführende Information in bezug auf seine Wiederkehr. Das ist schlecht. Es wird ein Unglück geben. Ruft er zu einem militärischen Unternehmen auf, gibt es eine schallende Niederlage, die dem Führer der Nation Schlechtes vorhersagt. Sogar in zehn Jahren gibt es keinen Sieg.

Wu Wang

无妄

Treue

Handle spontan, ohne auf persönlichen Gewinn zu hoffen.

Erste Linie Yang: Vertraue deinem Herzen. Das Glück lächelt den Reinen und Unschuldigen.

Zweite Linie Yin: Du solltest die Dinge tun, die du gut tun kannst.

Erste Linie Yang: Er kommt ohne Umweg voran. Das verheißt Glück.

Zweite Linie Yin: Wenn er nicht gepflügt hat, um zu ernten, und die neuen Felder nicht bereitet hat, dann ist es lohnenswert, einen Ort zu haben, an den man gehen kann.

Dritte Linie Yin: Wer seine Grenzen nicht kennt, hofiert dem Unglück.

Vierte Linie Yang: Wenn du fest stehst, geht alles gut.

Fünfte Linie Yang: Wenn du auf ein Problem stößt, das du nicht verursacht hast, dann packe es nicht an, sondern laß es seinen Verlauf nehmen, und die Angelegenheit bringt sich von allein in Ordnung.

Oberste Linie Yang: Wenn du die Dinge nicht sorgfältig durchdenkst, sondern stur nach vorn drängst, läufst du Gefahr und riskierst ein Unglück.

Dritte Linie Yin: Unerwartetes Unglück. Obwohl der Ochse angebunden war, wird er zum Gewinn des Reisenden und Verlust des Dörflers.

Vierte Linie Yang: Wenn er sich selbst treu sein kann, gibt es keine Fehler.

Fünfte Linie Yang: Unerwartete Krankheit. Er wird geheilt, ohne Medizin zu nehmen.

Oberste Linie Yang: Er ist nicht im Unrecht, doch wenn er versucht, sich zu bewegen, gerät er in Schwierigkeiten.

Da Tschu

大畜

Des
Großen
Zähmungs-
kraft

Eine Zeit der Möglichkeiten. Handle umsichtig.

Erste Linie Yang: Spare dir deine Mittel auf und warte auf eine günstige Zeit zum Handeln.

Zweite Linie Yang: Du kommst nicht voran. Spare dir deine Energie für eine größere Anstrengung.

Erste Linie Yang: Da ist Gefahr. Es ist weise anzuhalten.
Zweite Linie Yang: Dem Wagen wird die Achse entfernt.

Dritte Linie Yang: Zügle dein Talent und sei nicht impulsiv.

Vierte Linie Yin: Zeige Zurückhaltung und gehe keine unnötigen Risiken ein.

Fünfte Linie Yin: Kümmere dich um die Ursache der Probleme und nicht um die Symptome.

Oberste Linie Yang: Alle Hindernisse sind aus dem Weg geräumt. Du kannst deine aufgesparte Energie unbegrenzt einsetzen. Ein bemerkenswerter Erfolg ist möglich.

Dritte Linie Yang: Edle Pferde drängen nach vorn. Es ist förderlich weiterzumachen. Ein gut geschulter Wagen steht Wache. Es ist förderlich voranzuschreiten.

Vierte Linie Yin: Der junge Bulle wird durch ein Schutzbrett zurückgehalten. Es wird Glück geben.

Fünfte Linie Yin: Der kastrierte Eber setzt seine Stoßzähne nicht ein. Das verheißt Glück.

Oberste Linie Yang: Er ist auf der Straße des Himmels. Gesegneter Zustand.

I 頤

Ernährung

Bilde dich.

Erste Linie Yang: Gier führt dazu, daß man sich verliert.

Zweite Linie Yin: Er bettelt überall um Nahrung und wird kein gutes Ende nehmen.

Erste Linie Yang: Es bringt Unglück, deine heilige Schildkröte nicht zu beachten und mich mit offener Kinnlade zu beobachten.

Zweite Linie Yin: Er dreht das Obere nach unten, um ernährt zu werden. Das geht gegen die Tradition, die Nahrung über der Erde sucht. Das wird Böses nach sich ziehen.

Dritte Linie Yin: Du gibst dich der Gier hin und schaust an all den falschen Stellen. Dein Egoismus wird dich zu Fall bringen.

Vierte Linie Yin: Es ist nützlich, mäßig zu sein.

Fünfte Linie Yin: Verlaß dich auf die Hilfe einer weisen Person, wenn du anderen nutzen willst.

Oberste Linie Yang: Du bist ein fähiger Mensch und trägst große Verantwortung für das Wohlergehen anderer.

Dritte Linie Yin: Er lehnt die Nahrung ab. Das ist schlecht, wie fest er auch ist. Zehn Jahre lang tut er nichts. Nicht förderlich.

Vierte Linie Yin: Umgekehrte Nahrung bringt Glück. Ein Tiger, der nach unten blickt und sich anschickt zu jagen, wird nicht beschuldigt.

Fünfte Linie Yin: In außergewöhnlichen Situationen wird er Glück haben, wenn er standfest und wahrhaftig bleibt. Er darf nicht versuchen, den großen Fluß zu überqueren.

Oberste Linie Yang: Eine Nahrungsquelle zu sein, ist gefährlich, aber verspricht auch Glück. Es ist förderlich, den großen Fluß zu überqueren.

Da Guo

大过

Des Großen Übergewicht

Die Dinge sind bis zum Zerreißen gespannt.

Erste Linie Yin: Achte auf alle Einzelheiten, bevor du etwas anfängst.

Zweite Linie Yang: Ungewöhnliche Situationen erfordern ungewöhnliche Maßnahmen. Eine seltsame Kombination könnte einen förderlichen Ausgang zustandebringen.

Erste Linie Yin: Er stellt Opfer auf weiße, gewobene Matten. Makellos.

Zweite Linie Yang: Die alternde Weide treibt neue Triebe. Der alte Mann nimmt eine junge Frau. Förderlich.

Dritte Linie Yang: Du bist vielleicht hart, aber wenn du im Angesicht von Schwierigkeiten nicht flexibel bist und dir andere dadurch zu Feinden machst, ist dein Fall gewiß.

Vierte Linie Yang: Suche Unterstützung bei denen über dir und bei denen unter dir, die gleichgesinnt sind. Wenn du das tust, kann dich nichts besiegen.

Fünfte Linie Yang: Dein Bestreben wird erfolglos bleiben.

Oberste Linie Yin: Mächtig, aber allein. Es ist von Vorteil und ohne Schaden.

Dritte Linie Yang: Die Hauptstütze ist schwach. Das ist schlecht.

Vierte Linie Yang: Die Hauptstütze hat gehalten. Das verheißt Glück. Sonst wäre es beschämend gewesen.

Fünfte Linie Yang: Die alternde Weide blüht. Die alte Frau heiratet einen jungen Mann. Kein Makel und kein Lob. Die Blüten eines alten Baums sind ohne Duft. Die Heirat einer alten Frau bringt keine Kinder hervor.

Oberste Linie Yin: Er überquert den Fluß, und das Wasser steigt bis über seinen Kopf. Das verheißt kein Glück, aber es ist auch kein Schaden.

Kan

坎

Wässrige
Tiefen

Geh mit dem Lauf der Dinge und überdaure die Gefahr.

Erste Linie Yin: Sei vorsichtig, damit du in deinem Tun nicht fehlgehst.

Zweite Linie Yang: Versuche, den Kopf über Wasser zu halten, obwohl du dich in einer gefährlichen Situation befindest.

Erste Linie Yin: Er gerät in einen Wirbel. Unglück. Er untersucht den Lauf des Wassers nicht und versucht leichtfertig, den Fluß zu überqueren.

Zweite Linie Yang: Wogende Wasser überall um ihn her. Er muß vorsichtig sein.

Dritte Linie Yin: Halte still und warte, bis der Weg in die Sicherheit klar wird.

Vierte Linie Yin: Schäme dich nicht in Zeiten der Krise, um Hilfe zu bitten, damit du sicher bist.

Fünfte Linie Yang: Folge dem Weg des geringsten Widerstands, um dich in Sicherheit zu bringen.

Oberste Linie Yin: Wer anderen schadet, schadet am Ende sich selbst.

Dritte Linie Yin: Er trifft auf wässrige Tiefen, ob er voranschreitet oder sich zurückzieht. Er sollte anhalten und sich ausruhen, sonst wird er versinken.

Vierte Linie Yin: Ein Krug Wein, eine Schale Getreide und von beidem noch mehr werden an einem Seil durch die wässrige Tiefe gebracht. Am Ende kommt er nicht zu Schaden.

Fünfte Linie Yang: Die wässrigen Tiefen fließen nicht über. Ordnung naht. Kein Risiko.

Oberste Linie Yin: Er ist mit Stricken gebunden und hinter Wällen von Dornbüschen gefangen. Drei Jahre kann er nicht entkommen. Unglück.

Li

离

Helles
Leuchten

Sei willens zusammenzuarbeiten. Abhängigkeit.

Erste Linie Yang: Er wacht mit dem Hahnenschrei auf und übt sich im Schwertkampf. Ein guter Anfang hat ein gutes Ende.

Zweite Linie Yin: Sei vernünftig und mäßig in deinem Benehmen und meide Übermaß. Auf dem Weg der Mitte liegt das Glück.

Erste Linie Yang: Wenn seine Schritte fehlgehen und er darauf aufmerksam wird, gibt es keine Fehler.

Zweite Linie Yin: Gelbes Licht. Das verheißt erhabenes Glück.

Dritte Linie Yang: Wer sich in seiner Jugend nicht müht, wird im Alter Grund zur Reue haben.

Vierte Linie Yang: Du bist zu ungeduldig und ruhelos. Du wirst dich erschöpfen, weil du so geizig bist.

Fünfte Linie Yin: Ein guter Führer sorgt sich zuerst um andere und dann um sich selbst und freut sich erst, wenn alle anderen Freude gefunden haben.

Erbschaft

Oberste Linie Yang: Sei nicht extrem, wenn du etwas ausmerzen willst. Beurteile andere nicht zu streng.

Dritte Linie Yang: Im Licht der untergehenden Sonne trommelt er auf einem Topf und seufzt die Klage der Älteren. Das ist unglücklich.

Vierte Linie Yang: Leichtsinniges Handeln endet in Erschöpfung, Tod und Verlassenheit.

Fünfte Linie Yin: Er weint und klagt. Das verheißt Glück.

Oberste Linie Yang: Der König benutzt ihn zum Angriff. Er tötet die Anführer, aber schont das Gefolge. Er wird nicht beschuldigt.

Hièn

咸

Werbung

Heiße willkommen, die sich nähern.

Erste Linie Yin: Der Beginn gegenseitiger Anziehung. Übertreibe nicht.

Zweite Linie Yin: Laß dich nicht von plötzlichen Impulsen überwältigen.

Erste Linie Yin: Er bewegt seine Zehen.
Zweite Linie Yin: Er bewegt seine Waden. Unheil. Er sollte bleiben, wo er ist.

Dritte Linie Yang: Du spürst einen starken Impuls zu handeln, aber du mußt den richtigen Abstand wahren.

Vierte Linie Yang: Beständigkeit in der Liebe und Harmonie der Gefühle.

Freier

Fünfte Linie Yang: Stillschweigendes Liebesband.

Oberste Linie Yin: Perfekte Einheit von Mann und Frau.

Dritte Linie Yang: Er bewegt seine Schenkel. Aber jemand packt seine Fersen. Voranschreiten führt zu Schwierigkeiten.

Vierte Linie Yang: Beharrlichkeit bringt Glück. Reue wird vorübergehen. Die Freunde um ihn her stimmen mit seinen Wünschen überein.

Fünfte Linie Yang: Er bewegt seinen Rücken. Keine Reue.

Oberste Linie Yin: Er bewegt seine Wangen und seine Zunge.

Hong 恒

Dauer

Setze bewährte Methoden und Richtlinien ein.

Erste Linie Yin: Am Anfang einer Beziehung gibt es übermäßige Forderungen.

Zweite Linie Yang: Selbstbeschränkung führt zu gegenseitigem Respekt und Wertschätzung.

Erste Linie Yin: Wenn du zu beharrlich bist, hat das unglückliche Folgen. Nicht förderlich.

Zweite Linie Yang: Die Reue schwindet.

Dritte Linie Yang:
Wer wankelmütig ist,
wird letztendlich
beschämt.

Vierte Linie Yang: Wer seiner
Verantwortung nicht nachkommt,
kann nicht ständig guten
Willen erwarten.

Fünfte Linie Yin: Harmonie von
Hartem und Weichem sichert
anhaltenden Frieden
im Haushalt.

Oberste Linie Yin:
Wer maßlos handelt,
wird Unglück
erleiden.

Dritte Linie Yang: Er ist nicht beharrlich in der Tugend und erleidet Schande.

Vierte Linie Yang: Es ist kein Wild auf dem Feld.

Fünfte Linie Yin: Er hält sich an seine Position. Glücksbringend für eine Ehefrau, nicht glücksbringend für einen Ehemann.

Oberste Linie Yin: Er überanstrengt sich ständig. Unglück.

Dun
遯
Rückzug

Rückzug

Ziehe dich planmäßig zurück.

Erste Linie Yin: Er schaut nur nach oben und läuft Gefahr, sein Gleichgewicht zu verlieren.

Zweite Linie Yin: Je mehr du versuchst, jemanden zurückzuhalten, desto entschlossener ist er zu gehen.

Erste Linie Yin: Gefahr am letzten Abschnitt des Rückzugs. Bewege dich nicht weiter.

Zweite Linie Yin: Er packt fest zu und will nicht loslassen.

Dritte Linie Yang: Hüte dich davor, dich um egoistischer Gewinne willen auf etwas einzulassen.

Vierte Linie Yang: Der Weise weiß, wie man sich zur rechten Zeit zurückzieht und Schaden meidet.

Fünfte Linie Yang: Er weiß, wann er voranschreiten und wann er sich zurückziehen soll. Er ist siegreich und nicht besiegt.

Oberste Linie Yang: Er trifft die feste Entscheidung, sich auf der Höhe seiner Karriere zurückzuziehen.

Dritte Linie Yang: Er zieht sich zurück, aber da sind Probleme und Gefahren. Sich um die Helfer oder Konkubinen zu kümmern, bringt Glück.

Vierte Linie Yang: Weise Menschen, die sich richtig zurückziehen, haben Glück, kleinliche Leute nicht.

Fünfte Linie Yang: Er versteckt sich sehr sorgfältig. Richtiges Verhalten verspricht Gutes.

Oberste Linie Yang: Wenn eine bedeutende Person sich heiter zurückzieht, nutzt das anderen.

Da Dschuang

大
壯

Des Großen
Macht

Setze deine Kraft umsichtig ein.

Erste Linie Yang: Er ist arrogant und stellt seine Kraft zur Schau, aber er wird einen Rückschlag erleiden.

Zweite Linie Yang: Er ist stark und aufrecht, aber er stellt seine Kraft nicht zur Schau.

Erste Linie Yang: Seine Stärke liegt in seinen Zehen. Voranschreiten führt ins Unglück.

Zweite Linie Yang: Er wird Glück haben, wenn er aufrecht und wahr bleibt.

Dritte Linie Yang: Der edle Herr benutzt seinen Mund, während der kleinliche Mann seine Fäuste einsetzt.

Bitte öffne das Tor.

Vierte Linie Yang: Das Gleichgewicht zwischen weich und hart ist die wahre Kraft und Stärke.

Fünfte Linie Yin: Er wandelt sich und ist nicht länger stur.

Oberste Linie Yin: Der Einsatz von Kraft führt nur zu völligem Stillstand.

Dritte Linie Yang: Kleinliche Leute setzen Kraft ein, die Weisen tun das nicht. Unbeugsam sein ist gefährlich. Benutze deinen Geist, nicht deine Faust; denn wenn du Kraft einsetzt, bist du wie ein Hammel, der gegen den Zaun rennt und dabei mit seinen Hörnern steckenbleibt.

Vierte Linie Yang: Richtiges Verhalten wird Glück bringen, und die Reue schwindet. Er überwindet Hindernisse durch Kraft, die wie die Nabe eines großen Wagens ist.

Fünfte Linie Yin: Er gibt sein hammelartiges Wesen auf. Keine Reue.

Oberste Linie Yin: Der Hammel rammt gegen den Zaun. Er kann seine Hörner nicht zurückziehen und kann nicht weitermachen. So kommt er nicht weiter. Wenn er die Gefahr versteht, hat er Glück.

Dsin 晋

Fortschritt

Eine Zeit, in der man Fortschritt machen kann.

Erste Linie Yin: Widerstehe nicht und reagiere nicht. Sei einfach natürlich und passe dich dem Lauf der Dinge an.

Zweite Linie Yin: Dein Fortschritt wird angehalten. Mache weiter mit Pflichtgefühl.

Erste Linie Yin: Er schreitet voran und gerät unter Druck. Wenn er sich richtig verhält, wendet sich alles zum Guten. Sein Voranschreiten zu verlangsamen und seinem Herrscher treu zu sein, wendet Schaden ab.

Zweite Linie Yin: Er schreitet sorgenvoll voran. Wenn er sich richtig verhält, wird er den Segen seiner himmlischen Mutter erhalten.

Dritte Linie Yin: Die Menschen kommen dir zu Hilfe, und dein Vorgesetzter vertraut dir.

Vierte Linie Yang: Du hast kein Talent und keine Fähigkeiten und verhältst dich doch auf fragwürdige Weise. Du riskiert Bloßstellung.

Fünfte Linie Yin: Arbeite selbstlos für andere und sorge dich nicht um persönlichen Gewinn oder Verlust.

Oberste Linie Yang: Wenn du Selbstbeherrschung zeigst, gerätst du nicht in Schwierigkeiten.

Dritte Linie Yin: Jeder traut ihm, und die Reue schwindet.

Vierte Linie Yang: Er schreitet voran wie eine Ratte. Weitermachen ist gefährlich für ihn.

Fünfte Linie Yang: Alle Reue ist nun vergangen. Sorge dich nicht um Verlust oder Gewinn. Voranschreiten ist förderlich und bringt viele Vorteile.

Oberste Linie Yang: Wie ein Hammel seine Hörner einsetzt, benutzt er seine Kraft für Aggression. Es ist gefährlich, das zu tun, aber am Ende gibt es keinen Schaden.

Ming I

明夷

Die
Verdunklung
des Hellen

Eine schwierige Zeit. Warte den rechten Augenblick ab.

Erste Linie Yang: Die Gefahr starrt dir ins Gesicht. Entferne dich schnell.

Zweite Linie Yin: Du hast einen Rückschlag erlitten, aber du kannst aus der Erfahrung lernen. Verwandle Gefahr in Sicherheit.

Erste Linie Yang: Das Helle wird durch das Fliegen verdunkelt, und er senkt die Flügel. Weise Menschen, die unterwegs sind, essen drei Tage lang nicht. Geht er irgendwo hin, wird der Untertan vom Herrscher kritisiert.

Zweite Linie Yin: Das Helle wird verdunkelt. Er ist am linken Schenkel verletzt. Wenn sein Pferd stark ist, wird er gerettet, und es gibt Glück.

Dritte Linie Yang: Du kannst die Verheerung beenden. Überstürze nichts, sondern gehe langsam und sorgfältig vor.

Vierte Linie Yin: Die Situation ist nicht mehr zu retten. Es gibt absolut nichts, was du tun kannst, außer wegzugehen, bevor das Unvermeidliche geschieht.

Fünfte Linie Yin: Halte deine Integrität trotz der Schwierigkeiten aufrecht. Nimm eine bescheidene Stellung ein, wenn du es mußt.

Oberste Linie Yin: Es fehlt ihm an Intelligenz, und er wird schließlich gestürzt.

Dritte Linie Yang: Das Helle wird verdunkelt, und er geht im Süden jagen. Auch wenn die großen Häuptlinge gefangen werden, kann die Ordnung nicht schnell wieder hergestellt werden.

Vierte Linie Yin: Er betritt die linke Seite des Bauchs. Er erreicht das Herz dessen, was das Helle verdunkelt. Er geht durch das Hoftor hinaus.

Fünfte Linie Yin: Wo immer das Helle verdunkelt wird, sei wie der Sproß eines Königshauses. Es ist förderlich aufrecht und wahrhaftig zu sein.

Oberste Linie Yin: Nicht hell, sondern dunkel. Zuerst fliegt er zum Himmel hinauf. Dann geht er unter die Erde.

Gia Jen

家人

Die
Mitglieder
der Familie

Finde deinen Platz im Plan der Dinge.

Erste Linie Yang: Setze deutliche Regeln, um falsches Handeln zu vermeiden.

Familie   Regeln

Zweite Linie Yin: Das Teilen der Arbeit ist gerecht. Alle haben ihre jeweilige Rolle.

Erste Linie Yang: Er hat Regeln in der Familie. Die Reue schwindet.

Zweite Linie Yin: Sie geht nicht hinaus und folgt ihren Wünschen. Sie bleibt im Heim und bereitet Mahlzeiten. So weiterzumachen, verheißt Glück.

Dritte Linie Yang: Finde die feine Balance zwischen Disziplin und Strenge.

Vierte Linie Yin: Harmonie bedeutet Wohlstand.

Fünfte Linie Yang: Wenn Harmonie und Liebe herrschen, ist die Familie in der Tat gesegnet.

Oberste Linie Yang: Setze ein gutes Beispiel, und andere lernen von dir.

Dritte Linie Yang: Der Haushalt klagt über übermäßige Strenge. Wenn man es bereut, wird aus Gefahr Glück. Wenn die Frauen und Kinder frivol sind, gibt es Schwierigkeiten.

Vierte Linie Yin: Ein Haus, in dem Wohlstand herrscht. Außerordentliches Glück.

Fünfte Linie Yang: Der König vergibt seiner Familie. Es gibt keinen Grund zur Sorge. Das verheißt Glück.

Oberste Linie Yang: Seine königliche Gegenwart erfüllt sie mit Ehrfurcht. Am Ende Glück.

Kui

睽

Gegensatz

Eine Zeit der Entfremdung und des Widerstands.

Mißgeschick

Glück

Erste Linie Yang: Glück und Mißgeschick sind keine festen Zustände, sondern wechseln miteinander ab. Sei geduldig im Angesicht von Schwierigkeiten und versuche nicht, einen bestimmten Ausgang zu erzwingen.

Zweite Linie Yang: Fürchte die vor dir liegenden Hindernisse nicht, und du wirst bedeutungsvolle Begegnungen haben.

Erste Linie Yang: Die Reue wird schwinden. Jage nicht hinter dem ausgerissenen Pferd her. Es wird von alleine zurückkommen. Es wird eine schreckliche Person sehen und zurückkehren. Kein Schaden.

Zweite Linie Yang: Zufällig trifft er seinen Meister auf der Straße. Kein Schaden.

Dritte Linie Yin: Nach einer langen Trennung kommt die Wiedervereinigung. Am Ende wenden sich die Dinge zum Guten.

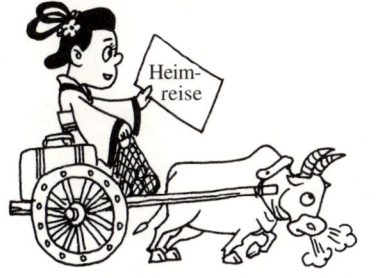

Vierte Linie Yang: Du fühlst dich vielleicht isoliert von anderen. Aber Zusammenarbeit mit dem weisen Mann gereicht euch beiden zum Vorteil.

Fünfte Linie Yin: Du wirst eine vertrauenswürdige Person treffen, und es ist gut zusammenzuarbeiten.

Oberste Linie Yang: Gehe die Ängste, die dich beunruhigen, in Ruhe an. Ein ruhiges, stilles Vorgehen wird deine Ängste beseitefegen, wie der Himmel sich nach dem Regenschauer wieder klärt.

Dritte Linie Yin: Man läßt den Wagen ziehen und den Ochsen anhalten, diese Person wird vom Himmel bestraft. Das ist kein guter Anfang, aber das Ende wird besser.

Vierte Linie Yang: Entfremdet und allein trifft er den großen Mann. Er schwört Treue, und die Gefahr geht vorbei, ohne ihm zu schaden.

Fünfte Linie Yin: Die Reue wird schwinden. Wenn die Sippe die eigenen Leute bestraft hat, wie kann es dann falsch sein voranzuschreiten?

Oberste Linie Yang: Entfremdet und allein sieht er ein vor Schmutz starrendes Schwein und einen Wagen voller Dämonen. Zuerst wird der Bogen gezogen, dann abgelegt. Er sucht nicht Plünderung, sondern Heirat. Beim Voranschreiten trifft er auf Regen, und das verheißt Glück.

Gièn

寨

Hemmung

Du mußt ein vor dir liegendes Hindernis überwinden.

Erste Linie Yin: Gefahr droht. Halte ein und warte geduldig auf den richtigen Augenblick zum Handeln, statt blind und ungeschickt weiterzumachen.

Zweite Linie Yin: Du riskierst dein Leben, wenn du aus Pflichtgefühl direkt auf die Schwierigkeiten losgehst. Setze deine Intelligenz voll ein.

Erste Linie Yin: Der Weg vor dir ist blockiert. Umkehren wird Lob bringen.

Zweite Linie Yin: Der Diener des Königs trifft auf viele Schwierigkeiten. Es trifft ihn keine Schuld.

Dritte Linie Yang: Begib dich nicht unnötigerweise in Gefahr, sondern ziehe dich zurück, damit du überdauern kannst.

Vierte Linie Yin: Er bekommt Hilfe, damit er mit dem Problem fertig wird.

Fünfte Linie Yang: Du kannst auf die Hilfe anderer zählen, wenn es Schwierigkeiten gibt.

Oberste Linie Yang: Mit Hilfe starker Verbündeter wird die Bedrohung abgewendet.

Dritte Linie Yang: Er schreitet voran und trifft auf Hindernisse. So dreht er um und kehrt zurück.

Vierte Linie Yin: Voranschreiten heißt auf Hindernisse treffen. Durch Wiederkehren vereint.

Fünfte Linie Yang: Das Hindernis ist groß. Seine Freunde scharen sich um ihn.

Oberste Linie Yin: Voranschreiten bedeutet einem Hindernis gegenübertreten. Es ist besser umzudrehen. Es lohnt sich, große Menschen zu sehen.

Hiè

解

Befreiung

Dein Glück wendet sich zum Guten.

Erste Linie Yin: Es ist Zeit, sich zu entspannen und zu erholen. Der Auftrag ist ausgeführt.

Zweite Linie Yang: Er ist nicht stolz oder faul. Verantwortung zu übernehmen, bringt Glück.

Erste Linie Yin: Wenn man voranschreitet, bringt es Glück, früh loszugehen. Kein Schaden.

Zweite Linie Yang: Auf der Jagd fängt er drei Füchse. Er erhält einen goldenen Pfeil. Aufrecht sein bringt Glück.

Dritte Linie Yin: Eine wohlhabende, dünkelhafte Person trifft auf Unheil.

Vierte Linie Yang: Er legt schlechte Gewohnheiten ab und gewinnt das Vertrauen und Zutrauen von Freunden.

Fünfte Linie Yin: Es zeugt von Vorsicht, wenn man den Abstand wahrt. Achte auf Schmeichler und falsche Freunde.

Oberste Linie Yin: Die Lage ist nicht hoffnungslos. Stecke dein Ziel hoch und handle mit Entschiedenheit, und du wirst Erfolg haben.

Dritte Linie Yin: Der Mann mit der Last reist in einem Wagen und zieht dadurch Räuber an, die ihn angreifen. Weitermachen führt zu Schwierigkeiten.

Vierte Linie Yang: Er bekommt einen Zehen frei. Freunde kommen und schenken ihm ihr Vertrauen.

Fünfte Linie Yin: Der weise Mann befreit sich. Das verheißt Glück. Dadurch vertrauen ihm geringere Menschen.

Oberste Linie Yin: Der Fürst schießt einen Pfeil auf einen Falken, der auf einer Mauer sitzt, und trifft. Vorteilhafter Schritt.

Sun

损

Minderung

Eine Zeit der Minderung.

Erste Linie Yang: Beende deine eigene Arbeit, aber zeige gleichzeitig auch deine Großzügigkeit, indem du anderen hilfst. Verteile deine Gaben.

Zweite Linie Yang: Wenn es etwas Gutes gibt, frage nicht nach mehr oder weniger.

Erste Linie Yang: Er verläßt seine eigene Arbeit und hilft einer anderen Person. Es gibt nichts zu bereuen, wenn er die Angelegenheit sorgfältig abwägt.

Zweite Linie Yang: Es ist gut, aufrecht zu sein, aber es wäre unglücklich, sich auf ein Unternehmen einzulassen. Wer anderen hilft, wird unweigerlich sich selbst helfen.

Dritte Linie Yin: Gewinn ist vielleicht gar kein Gewinn. Verlust ist vielleicht gar kein Verlust.

Vierte Linie Yin: Nimm die Hilfe anderer an, und du kannst dich von deinen Fehlern befreien.

Fünfte Linie Yin: Der makellose Mensch kann mit gutem Gewissen einen Gefallen annehmen.

Oberste Linie Yang: Handle nicht um deines persönlichen Vorteils willen, sondern für das Allgemeinwohl.

Dritte Linie Yin: Drei Männer reisen zusammen, aber einer stimmt nicht mit den anderen überein und verläßt sie. Er findet dann einen anderen Gefährten.

Vierte Linie Yin: Wenn man das Fieber mindert, kommt man schneller in den Genuß der Genesung. Schaden abgewehrt.

Fünfte Linie Yin: Wenn man zehn Schildkrötenpanzer bekommt, kann niemand ablehnen. Äußerst viel Glück.

Oberste Linie Yang: Nicht Minderung sondern Mehrung. Kein Schaden. Es ist gut, aufrecht zu bleiben. Es ist förderlich voranzuschreiten. Du ziehst fähige Helfer an, nicht nur Verwandte.

I

益

Mehrung

Eine Zeit der Mehrung.

Erste Linie Yang: Du hast die Energie, eine große Aufgabe anzugehen. Bleibe bescheiden und selbstlos, und du wirst sehr viel Glück haben.

Zweite Linie Yin: Er kommt gut aus mit Übergeordneten und Untergeordneten, und es gibt Vorteile, aber keinen Schaden.

Erste Linie Yang: Es ist förderlich, große Taten zu tun. Außerordentliches Glück. Kein Schaden.

Zweite Linie Yin: Wenn man zehn Schildkrötenpanzer bekommt, kann niemand widerstehen. Er wird Glück haben, solange er sich richtig verhält. Der König opfert dem Fürsten des Himmels. Das verheißt Glück.

Dritte Linie Yin:
Halte dich in der
Mitte und gehe
nicht nach der
einen oder
anderen Seite.

Vierte Linie Yin: Ein guter
Vermittler hilft den Streit beenden.

Fünfte Linie Yang: Er stellt sich
in den Dienst der Menschen.
Anderen helfen heißt
sich selbst helfen.

Oberste Linie Yang: Wer andere
um seines eigenen Vorteils
willen ausbeutet,
schadet sich
am Ende
selbst.

Dritte Linie Yin: Er gewinnt durch ungünstiges Handeln und
kommt nicht zu Schaden. Er geht den geraden Weg und kündigt
sich, indem er das Siegel der Autorität verwendet, dem Fürsten
an.

Vierte Linie Yin: Er geht den wahren Weg. Er kündigt sich dem
Fürsten an, der folgen wird. Es ist gut, wenn man sich auf ihn
verläßt, auch wenn es soweit kommt, daß man die Hauptstadt
verlegen hilft.

Fünfte Linie Yang: In seinem Herzen ist Treue. Nicht suchen
ist äußerstes Glück. Die Tugend kommt von allein.

Oberste Linie Yang: Mehre etwas nicht so sehr, daß es vielleicht angegriffen wird. Bestehe nicht so sehr auf etwas, daß es
Schwierigkeiten verursacht.

Guai

Entschlossen-
heit

Eine Zeit, in der Bande gebrochen werden.

Erste Linie Yang: Er ist schlecht ausgerüstet für seine Aufgabe und wird nur auf starken Widerstand treffen.

Zweite Linie Yang: Wer immer bereit ist, hat nichts zu verlieren und alles zu gewinnen.

Erste Linie Yang: Er schreitet kühn voran. Voranschreiten bringt nicht Sieg, sondern Schaden.

Zweite Linie Yang: Er ist vorsichtig und achtsam; es gibt keinen Grund zur Sorge, auch wenn nachts Angreifer kommen.

Dritte Linie Yang: Übereile nichts. Erhalte dir deinen Vorteil.

Vierte Linie Yang: Er hört nicht auf den Rat anderer und kann nicht entschlossen handeln.

Fünfte Linie Yang: Wisse beim Umgang mit kleinlichen Menschen, wann man mit ihnen brechen muß.

Oberste Linie Yin: Er tobt in der Öffentlichkeit, und seine Fehler sind allen offenbar. Wie kann er überdauern?

Dritte Linie Yang: Er zeigt zuerst sein Gesicht, und das bringt Unglück. Der weise Mann geht allein und kommt in den Regen. Er wird naß. Er ärgert sich, aber es gibt keine Reue.

Vierte Linie Yang: Die Haut seiner Hinterbacken wird abgezogen, und er hat Schwierigkeiten beim Gehen. Wenn man ihn wie ein Schaf führte, wäre es in Ordnung. Man kann Worte hören, ohne zu glauben.

Fünfte Linie Yang: Angenehm, doch entschlossen, ausgeglichenes Verhalten ist makellos.

Oberste Linie Yin: Es gibt keinen Warnruf; am Ende Unglück.

Gou

妌

Kontakt

Hüte dich vor der Versuchung.

Erste Linie Yin: Sein Begehren ist erweckt, und er kann der Versuchung nicht widerstehen.

Zweite Linie Yang: Aber sein Rivale gewinnt die Zuneigung der Frau zuerst.

Erste Linie Yin: Er sollte mit einer eisernen Bremse zurückgehalten werden. Es ist ratsam, aufrecht zu sein. Wenn er voranschreitet, wird er auf Unglück treffen. Er ist wie ein ausgehungertes, herumirrendes Schwein.

Zweite Linie Yang: Wenn der Fisch in der Tasche ist, gibt es kein Problem, aber es nutzt dem Gast nichts.

Dritte Linie Yang: Es tut ihm leid, daß er sich nicht bemüht hat. Reue und kein Glück.

Vierte Linie Yang: Er wendet Gewalt an, und Schwierigkeiten sind unvermeidbar.

Fünfte Linie Yang: Sei du selbst und halte das aufrecht, was richtig ist. Es ist nicht nötig, deine Brillanz zur Schau zu tragen.

Oberste Linie Yang: Du hast dich in eine Lage gebracht, in der es nicht angebracht ist, voranzuschreiten oder sich zurückzuziehen.

Dritte Linie Yang: Die Haut seiner Hinterbacken wurde abgezogen, und das Gehen fällt schwer. Es ist Gefahr vorhanden, aber kein Schaden.

Vierte Linie Yang: Kein Fisch in der Tasche. Es wird Unglück geben.

Fünfte Linie Yang: Eine Melone in Weidenblätter wickeln ist wie der Versuch, seine Brillanz zu verstecken. Es kommt wie vom Himmel.

Oberste Linie Yang: Als wäre er von den Hörnern eines wilden Tieres angegriffen, gerät er durch Zufall in Schwierigkeiten. Es wird Schwierigkeiten geben, aber keinen großen Schaden.

Tsui

Zusammen-
kommen

Eine Zeit für starke Bande.

Erste Linie Yin: Ein gemeinsames
Ziel ist nicht vorhanden, und
deshalb wird es
Chaos geben.

Zweite Linie Yin: Aufrichtigkeit
und guter Wille sind vorhanden.
Zusammenarbeit statt
Widerstreit.

Erste Linie Yin: Ihre Treue ist nicht vollständig: Manchmal
sind sie unbotmäßig, manchmal sind sie einig. Wenn sie dem
Ruf folgten, könnten sie lächeln. Sorge dich nicht. Schreite
voran, und es wird keinen Schaden geben.
Zweite Linie Yin: Er wird nach vorn geführt, und es gibt
Glück. Kein Schaden. Solange er aufrichtig ist, wird auch das
kleinste Opfer von Vorteil sein.

Dritte Linie Yin:
Es gibt einen Verlust,
aber der wird durch einen
anderen Gewinn kompensiert.

Vierte Linie Yang: Er widmet seine
Arbeit den Hoffnungen des Volkes und
führt seine Arbeit verantwortlich aus.

Fünfte Linie Yang: Obwohl er eine
hohe Stellung innehat, stimmen
seine Handlungen mit den
Wünschen des
Volkes überein.

Oberste Linie Yin: Er wird
abgelehnt und ist
niedergeschlagen.

Dritte Linie Yin: Sie sammeln sich um einen Führer und jammern. Nicht förderlich. Voranschreiten bringt keinen Schaden, nur kleine Schwierigkeiten.

Vierte Linie Yang: Großes Glück. Kein Makel.

Fünfte Linie Yang: Wenn sie sich um einen Mann von Rang sammeln, gibt niemand den Unaufrichtigen die Schuld. Wenn die Basis immer wahr ist, verschwindet die Reue.

Oberste Linie Yin: Er seufzt und jammert. Kein Makel.

Schong

Aufstieg

Eine günstige Zeit, um schrittweise voranzuschreiten.

Erste Linie Yin: Wie das Blühen der Pflanzen im Frühling – ein Bild blühenden Wohlstands.

Zweite Linie Yang: Schreite systematisch voran.

Erste Linie Yin: Er steigt auf, und man traut ihm. Großes Glück.

Zweite Linie Yang: Wenn er aufrichtig ist, sind auch die kleinsten Opfer förderlich. Kein Schaden.

Dritte Linie Yang: Schreite ohne Angst oder Zögern voran, es sind keine Hindernisse vor dir.

Vierte Linie Yin: Er kann nicht weiter, weil die nächste Position von einer mächtigeren Person besetzt ist.

Fünfte Linie Yin: Er hilft Untergeordneten und wird durch ihre harte Arbeit belohnt.

Oberste Linie Yin: Werde nicht lässig, wie hoch du auch steigst.

Dritte Linie Yang: Er steigt auf in ein leeres Reich.

Vierte Linie Yin: Der König opfert auf einem Berg. Heil. Kein Schaden.

Fünfte Linie Yin: Er verhält sich richtig und hat Glück. Er steigt die Treppen hoch.

Oberste Linie Yin: Er steigt aus der Dunkelheit empor und hat Nutzen aus der nicht endenden Standfestigkeit.

Kun

困

Erschöpfung

Tritt widrigen Umständen entschlossen entgegen.

Erste Linie Yin: Er ist schwach
und begibt sich in Schwierigkeiten.

Zweite Linie Yang:
Die Schwierigkeiten sind vorbei,
und er wird optimistisch.

Erste Linie Yin: Er sitzt erschöpft auf einem Baumstumpf. Er
wandert in das finstere Tal. Drei Jahre sieht man ihn nicht.
Zweite Linie Yang: Erschöpft bei Wein und Speise. Die rote
Schürze des hohen Amts wird ihm verliehen. Er sollte Opfer
bringen. Aufbrechen bringt Unglück, aber es ist kein großer
Fehler.

Dritte Linie Yin:
Ruhelos und unentschlossen;
er macht eine schwierige Zeit durch.

Vierte Linie Yang: Tu dein Bestes, um Hilfe zu finden, und du wirst dieses Problem lösen können.

Fünfte Linie Yang:
Habe Geduld, und du wirst
einen Ausweg finden.

Oberste Linie Yin:
Wer anderen Kummer macht, bereitet sich Kummer. Erkenne deine Fehler und bereue.

Dritte Linie Yin: Durch Felsbrocken belastet, lehnt er sich, um Halt zu finden, an Dornen. Er betritt den Palast, aber seine Frau ist nicht da. Unheil.

Vierte Linie Yang: Er bewegt sich langsam, er steckt in einem Wagen aus Bronze fest. Aber seine Schwierigkeiten werden zu Ende gehen.

Fünfte Linie Yang: Seine Nase und seine Füsse werden abgeschnitten. Die rote Schürze des hohen Amtes ist ihm eine Last. Langsam kommt er frei. Es ist lohnend, Opfer zu bringen.

Oberste Linie Yin: Er wird von verstrickten Lianen gehalten, und es geht ihm schlecht, er wird es nicht bereuen, wenn er sich bewegt. Voranschreiten verspricht Gutes.

Dsing

䷯

Der Brunnen

Verstehe die Grundwahrheiten.

Erste Linie Yin: Gib die Dinge auf, die aus der Mode gekommen und veraltet sind.

Zweite Linie Yang: Es ist zu früh für ein Unternehmen. Deine Mühen sind vergeblich.

Erste Linie Yin: Der Brunnen ist trübe. Niemand trinkt. Kein Lebewesen kommt an einen alten Brunnen.

Zweite Linie Yang: Die Tiefen des Brunnens reichen für eine Elritze aus. Der zerbrochene Krug rinnt.

Dritte Linie Yang:
Etwas wurde
übersehen, die Aufgabe kann
nicht ausgeführt werden.

Vierte Linie Yin: Ordne das
Fundament für dein Leben,
damit du etwas
erreichen
kannst.

Restaurant

Fünfte Linie Yang:
Er läßt nicht nach
in seinen
Bemühungen
und erreicht viel.

Oberste Linie Yin: Sein
Leben wird von weisen
Entscheidungen
geformt, und
er freut sich
am Erfolg.

Dritte Linie Yang: Der Brunnen ist klar, aber niemand trinkt. Das tut dem Herzen weh. Man kann aus ihm schöpfen, und wenn der Herrscher versteht, wird alles seinen Segen erhalten.

Vierte Linie Yin: Der Brunnen ist gut ausgekleidet. Es wird keine Probleme geben.

Fünfte Linie Yang: Der Brunnen ist rein. Die Menschen trinken aus seiner kühlen Quelle.

Oberste Linie Yin: Er schöpft aus dem Brunnen ohne Schwierigkeiten, weil er nicht zugedeckt ist. Wahrhaftigkeit verheißt Glück.

Go 革
Revolution

Nimm revolutionäre Veränderungen vor.

Erste Linie Yang: Ungenügende Vorbereitung; handle nicht voreilig.

Zweite Linie Yin: Die Zeit ist reif; handle sofort.

Erste Linie Yang: Für Stärke benutze das Fell einer gelben Kuh.

Zweite Linie Yin: Wenn die Zeit kommt, kann er Veränderungen einleiten. Zur Tat schreiten ist sehr günstig. Es wird keinen Schaden geben.

Dritte Linie Yang: Überlege dreimal, bevor du handelst.

Vierte Linie Yang: Er gewinnt das Vertrauen des Volkes, und man kann ihm große Aufgaben anvertrauen.

Fünfte Linie Yang: Die Zeit für revolutionäre Veränderungen ist gekommen, und er erreicht einen bemerkenswerten Erfolg.

Oberste Linie Yin: Verändere eingefahrene Gewohnheiten. Es ist gefahrlos, das zu tun.

Dritte Linie Yang: Aufbrechen ist gefährlich. Wenn er die Dinge ändern will, muß er dreimal darüber reden, dann glauben ihm die Menschen.

Vierte Linie Yang: Die Reue schwindet. Man erweist ihm Treue. Es ist günstig, revolutionäre Veränderungen einzuleiten.

Fünfte Linie Yang: Der große Mann verändert sich wie ein Tiger. Obwohl er das Orakel nicht befragt hat, vertrauen ihm die Menschen.

Oberste Linie Yin: Der große Mann verändert sich wie ein Leopard, wohingegen der geringe Mann einfach seinen Gesichtsausdruck verändert. Voranschreiten bringt Unheil. Seine Integrität wahren verheißt Glück.

Ding

鼎

Der Kessel

Lege den Grundstock für etwas Neues.

Erste Linie Yin: Wenn man den Kessel umdreht, wird es leichter, ihn zu reinigen. Auf die gleiche Weise lege schlechte Gewohnheiten ab, bevor du dich auf ein neues Unternehmen einläßt.

Zweite Linie Yang: Setze dich nicht der Kritik aus. Arbeite weiter an der Verbesserung der Dinge.

Erste Linie Yin: Wenn der Kessel umgedreht wird, läßt sich das Schlechte leichter entfernen. Wenn man eine Konkubine nimmt, ist das ohne Makel, solange sie einen Sohn zur Welt bringt.

Zweite Linie Yang: Der Kessel ist gefüllt mit Essen. Meine Gegner sind neidisch, aber sie können mir nicht schaden. Das verheißt Glück.

Dritte Linie Yang: Lerne aus deinen Fehlern. Versuche, mit deinem Vorgesetzten auszukommen.

Vierte Linie Yang: Unachtsamkeit und Unfähigkeit führen zu Versagen.

Fünfte Linie Yin: Stärke deine guten Qualitäten.

Oberste Linie Yang: Ein weiser und guter Mensch fördert alle, die mit ihm in Berührung kommen.

Dritte Linie Yang: Die Henkel des Kessels sind verändert worden. Man kann sie nicht verwenden. Das Fleisch des fetten Fasanen ist nicht gegessen. Gerade wenn es regnet, mindert sich die Reue, und am Ende gibt es Glück.

Vierte Linie Yang: Die Füße des Kessels brechen und das Essen des Herzogs wird verschüttet. Es wird eine strenge Strafe geben. Unheil.

Fünfte Linie Yin: Die Henkel des Kessels und seine Tragestange sind aus goldener Bronze. Es ist hilfreich, aufrecht zu bleiben.

Oberste Linie Yang: Die Tragestange des Kessels ist aus Jade. Großes Glück, und alles wirkt zu seinem Vorteil.

Ein versteckter Segen. Ein Ruck, der wachrüttelt.

Erste Linie Yang:
Hast du erst einmal eine beängstigende Zeit überlebt, weißt du in Zukunft, wie man mit Angst umgeht.

Zweite Linie Yin:
Die Gefahr nähert sich. Halte dich von ihr fern.

Erste Linie Yang: Das Krachen des Donners löst Schrecken aus. Aber danach gibt es ein fröhliches Gespräch. Das verheißt Glück.

Zweite Linie Yin: Donnerschläge. Gefahr. Er verliert seinen Schatz und flieht in die Berge. Er darf ihm nicht nachziehen. In sieben Tagen wird er ihn zurückbekommen.

Dritte Linie Yin: Sein Schrecken ist unbeschreiblich, er weiß nicht mehr weiter. Er braucht Geistesgegenwart, um ruhig zu sein.

Vierte Linie Yang: Eine unerwartete Katastrophe hat ihn so schockiert, daß er sich nicht mehr bewegen kann. Er muß sich mit einem Ruck aus der Unbeweglichkeit befreien.

Fünfte Linie Yin: Er ist sich der Gefahr bewußt und weiß, wie man den Sturm übersteht.

Oberste Linie Yin: Die Gefahr ist nahe. Laufe los, damit du ohne Schaden bleibst.

Dritte Linie Yin: Die Donnerschläge dröhnen und erschrecken ihn so, daß er flieht. Daran ist nichts falsch.

Vierte Linie Yang: Der Donnerschlag trifft auf Schlamm.

Fünfte Linie Yin: Donnerschläge, aber kein Problem, weil es Dinge gibt, um die er sich kümmern muß.

Oberste Linie Yin: Donnerschläge lassen ihn zittern, und er starrt ängstlich auf sie. Zur Tat schreiten bringt Unheil. Wenn der Donner nicht den Einzelnen, sondern die Nachbarschaft betrifft, gibt es keine Schuld. Geht man eine Partnerschaft ein, gibt es Gerede.

Gen

Stillhalten

Eine Zeit, um das Herz zu stillen.

Erste Linie Yin: Werden die Dinge zu Beginn angehalten, kommt es nie bis zu dem Punkt, an dem das Rechte verloren geht, also gibt es keine Schuld.

Zweite Linie Yin: Beständig und unberührt von der Versuchung.

Erste Linie Yin: Es ist kein Fehler, seine Zehen auszuruhen. Es ist förderlich für ihn, immer tugendhaft zu sein.

Zweite Linie Yin: Er ruht seine Beine aus. Er ist unfähig, die Person zu retten, der er folgt, und sein Herz ist besorgt.

Dritte Linie Yang: Seine Wünsche sind unerfüllt, und Angst nagt an seinem Herzen.

Vierte Linie Yin: Es gibt eine Zeit zum Handeln und eine Zeit zum Ruhen. Sei natürlich.

Fünfte Linie Yin: Achte auf deine Reaktionen, und es gibt keine Reibung.

Oberste Linie Yang: Unternimm nichts, was deine Fähigkeiten überschreitet.

Dritte Linie Yang: Er ruht seine Hüften aus. Sein Rücken ist offengelegt. Es gibt Gefahr, und sein Herz brennt vor Angst.

Vierte Linie Yin: Er ruht seinen Rumpf aus. Kein Makel.

Fünfte Linie Yin: Er ruht seinen Kiefer aus. Seine Rede ist korrekt. Es wird keine Reue geben.

Oberste Linie Yang: Er ist achtsam beim Ruhen. Das bringt Glück.

Dsièn

渐

Allmählicher
Fortschritt

Langsamer, aber stetiger Fortschritt.

Erste Linie Yin: Nimm das Leben
Schritt für Schritt, und du wirst
nicht in Gefahr geraten.

Zweite Linie Yin: Baue deine
Stärke auf und schreite zur
gegebenen Zeit voran.

Erste Linie Yin: Die Gänse ziehen allmählich dem Strand
zu, wenn die Kleinen kämpfen, gibt man ihnen Rat, aber
keine Schuld.
Zweite Linie Yin: Die Gänse ziehen einem Felsen zu und
fressen und trinken dort fröhlich. Das bringt Glück.

Vierte Linie
Yin: Stelle dich
auf deine
Umgebung ein,
so daß du die
Dinge in
Sicherheit
ausführen
kannst.

Dritte Linie Yang:
Du gehst zu weit, zu schnell und
hast dich verirrt. Gefahr droht.

Fünfte Linie Yang: Der Fortschritt
ist zögernd, aber am Ende
wird alles gut sein.

Oberste Linie Yang:
Du bist ungehindert und kannst
von Stärke zu Stärke voranschreiten.

Dritte Linie Yang: Die Gänse ziehen über das Land. Ein Ehemann zieht in den Krieg und kehrt nicht zurück. Eine Ehefrau wird schwanger, aber bekommt kein Kind. Unheil. Es ist förderlich, Angriffe abzuwehren, nicht sie auszuführen.
Vierte Linie Yin: Die Gänse ziehen allmählich einem Baum zu und nisten auf einem flachen Ast. Es wird keine Fehler geben.
Fünfte Linie Yang: Die Gänse nähern sich allmählich dem Berg. Das ist wie eine Frau, die drei Jahre lang nicht schwanger wird. Schließlich empfängt sie, nichts kann das verhindern. Das bringt Glück.
Oberste Linie Yang: Die wilden Gänse schwingen sich langsam zu großen Höhen auf. Ihre Federn kann man für rituelle Tänze verwenden. Das bringt Glück.

Gui Me

归妹

Das heiratende
Mädchen

Kenne deinen richtigen Platz.

Erste Linie Yang: Deine Stellung
ist niedrig, aber du handelst sehr
taktvoll, bescheiden
und
freundlich.

Zweite Linie Yang: Verliere
den Mut nicht, sondern sei
beharrlich, wie immer die
Umstände auch
sein mögen.

Erste Linie Yang: Das Mädchen heiratet als Konkubine. Das
ist wie ein Lahmer, dem es gelingt zurechtzukommen. Voranzuschreiten verheißt Glück.

Zweite Linie Yang: Sie sieht unklar. Es ist förderlich für sie,
in Abgeschiedenheit zu bleiben.

Dritte Linie Yin: Sie kennt ihre Stellung nicht und benimmt sich unschicklich.

Vierte Linie Yang: Du verfügst über viele Mittel und kannst dir Zeit lassen bei der Entscheidung, was du tun sollst.

Fünfte Linie Yin: Sei dir deiner Stellung bewußt und benimm dich entsprechend.

Held

Haushaltsvorstand

Oberste Linie Yin: Unter falschen Vorspiegelungen zu handeln, ist beschämend.

Dritte Linie Yin: Ein Mädchen, das heiratet, hat Erwartungen; statt dessen heiratet sie als Konkubine.

Vierte Linie Yang: Die Hochzeit des Mädchens verzögert sich. Eine späte Heirat kommt zu ihrer Zeit.

Fünfte Linie Yin: Wenn der Kaiser seine jüngere Schwester verheiratet, sind ihre Kleider nicht so prächtig wie die ihrer Aufwärterinnen. Der Mond ist fast voll. Das verheißt erhabenes Glück.

Oberste Linie Yin: Die Braut erhält eine leere Kiste. Der Bräutigam opfert ein Schaf, aber es fließt kein Blut. Nicht förderlich.

Fong

Fülle

Die Dinge sind an ihrem Gipfel.

Erste Linie Yang: Geselle dich zu denen, deren Ziele den deinen ähneln.

Zweite Linie Yin: Sei aufrichtig und wahrhaft und handle nicht unbedacht.

Erste Linie Yang: Er begegnet seinem erhabenen Führer. An der Tatsache, daß sie ähnlich sind, ist nichts Schlimmes. Es ist lobenswert, sich aufzumachen.

Zweite Linie Yin: Fülle ist wie ein Himmelsgewölbe, an dem du am Tag den Polarstern sehen kannst. Wenn du dich aufmachst, triffst du auf Verdacht und Verachtung. Offensichtlich wahrhaft sein verheißt Glück.

Dritte Linie Yang: Völlerei führt zu Selbstzerstörung.

Vierte Linie Yang: Der Rat der richtigen Person ist dir förderlich.

Fünfte Linie Yin: Wenn du mit vertrauenswürdigen und ehrlichen Gefährten arbeitest, hast du keinen Grund zur Sorge.

Oberste Linie Yin: Du bist arrogant und ehrgeizig und wirst das Gegenteil von dem erzielen, was du anstrebst.

Dritte Linie Yang: Seine Fülle ist wie ein Banner, durch das er am Mittag die Sterne sehen kann. Er bricht seinen Arm, aber es wird keine Schuld geben.

Vierte Linie Yang: Seine Fülle ist wie ein Vorhang, durch den er am Mittag den Polarstern sehen kann. Er trifft seinen Fürsten, und sie sind sich ähnlich. Das wird Glück bringen.

Fünfte Linie Yin: Seine innere Brillanz gewinnt Ehre und Lob. Das verheißt Glück.

Oberste Linie Yin: Riesiger Palast, schattiges Heim. Spähe zur Tür hinein – es ist still und unbewohnt. Drei Jahre lang ist niemand zu sehen.

Lü

旅

Der Wanderer

店

Sei unterwegs bescheiden.

Erste Linie Yin: Wer sich über alles aufregt, zieht sich das Mißfallen anderer zu.

Zweite Linie Yin: Wer ohne Allüren ist, verdient den Respekt anderer.

Gast-haus

Erste Linie Yin: Der Wanderer beschäftigt sich mit wertlosen Taten und erschöpft sich.

Zweite Linie Yin: Der Wanderer erreicht ein Gasthaus, er trägt seine Habe. Er gewinnt einen treuen Diener.

Dritte Linie Yang: Er ist überheblich, und die Menschen finden ihn unerträglich.

Vierte Linie Yang: Einer, dessen Lebensunterhalt von anderen abhängt, kann seinen Idealen nicht nachgehen.

Fünfte Linie Yin: Er verdient das Vertrauen anderer und darf seinen Willen haben.

Oberste Linie Yang: Der Gast bemächtigt sich der Stellung des Hausherrn. Lebenslange Reue für den Unglücklichen.

Dritte Linie Yang: Der Wanderer zündet das Gasthaus an. Er verliert den treuen Diener. Er ist in Gefahr, wenn er so bleibt, wie er ist.

Vierte Linie Yang: Der Wanderer findet Schutz und hat seine Güter bei sich. Aber sein Herz ist nicht froh.

Fünfte Linie Yin: Er schießt auf einen Fasan, aber der erste Pfeil verfehlt sein Ziel. Schließlich wird er gelobt und erhält ein Amt.

Oberste Linie Yang: Das Nest des Vogels brennt. Das Lachen des Wanderers wandelt sich zu Klagen. Er verliert einen Ochsen. Unheil.

Sun

巽

Anpassung

Sei in kleinen Dingen nachgiebig.

Erste Linie Yin: Handle entschlossen und zögere nicht.

Zweite Linie Yang: Folge den Anweisungen genau und hege keine Zweifel.

Ordnung

Erste Linie Yin: Er schreitet voran und zieht sich dann zurück. Es ist hilfreich, bereit zu sein wie ein Soldat, der Befehle entgegennimmt.

Zweite Linie Yang: Er kniet vor dem königlichen Divan. Er wird geweiht durch die Schreiber und die Wahrsager. Das verheißt Glück, und er erleidet keinen Schaden.

Dritte Linie Yang: Denke nicht zu lange nach. Zu viel Bedachtsamkeit bedeutet Verzögerung.

Vierte Linie Yin: Er führt die Anweisungen aus und wird belohnt.

Fünfte Linie Yang: Er ist genau und fair in seinen Geschäften, und alles geht glatt voran.

Oberste Linie Yang: Der Schwächling verliert seine Würde.

Befehl

Dritte Linie Yang: Er ist beharrlich, aber unterwürfig. Das ist bedauerlich.

Vierte Linie Yin: Keine Reue. Er fängt drei Arten Wild bei der Jagd.

Fünfte Linie Yang: Richtiges Verhalten bringt Glück. Die Reue vergeht. Alles, was er tut, ist von Vorteil. Der Anfang ist vielleicht nicht gut, aber am Ende wird alles gut. Es verspricht Gutes, vor einer Veränderung vorsichtig zu sein und danach nachzudenken.

Oberste Linie Yang: Er kniet vor dem königlichen Divan. Er verliert seinen Besitz und seine Axt. Unheil, auch wenn er beständig ist.

Dui

Freude

Eine Zeit fröhlichen Zusammenwirkens.

Erste Linie Yang: Wenn es Harmonie gibt und keine Reibung, wird alles gut.

Zweite Linie Yang: Er ist ein Mann, der sich an die Tugend hält. Versuchungen schlagen bei ihm nicht an.

Erste Linie Yang: Glück und Harmonie. Das Glück kommt.
Zweite Linie Yang: Aufrichtigkeit und Glück. Das Glück kommt. Die Reue schwindet.

Dritte Linie Yin: Du greifst zu bösen Mitteln, um auf Kosten anderer Vergnügen zu finden.

Vierte Linie Yang: Du hast die Wahl zwischen reiner Freude und niedrigen Leidenschaften. Wende dich dem moralisch Richtigen zu.

Fünfte Linie Yang: Achte auf geringe Leute, die bestimmte Absichten haben, wenn sie sich zu dir gesellen. Sie haben einen schlechten Einfluß.

Oberste Linie Yin: Er ist schmeichlerisch, und andere ächten ihn.

Dritte Linie Yin: Erzwungenes Glück. Es wird Unheil geben.

Vierte Linie Yang: Er zögert, was ihn wohl glücklich macht, aber das befriedigt ihn nicht. Gib dieses Übel auf, und es wird Freude geben.

Fünfte Linie Yang: Er hat trotz der ihn umgebenden Gefahren Zuvertrauen. Das ist gefährlich.

Oberste Linie Yin: Verführerisches Glück.

Huan

澳

Auflösung

Dein Ego verursacht Probleme mit anderen.

Erste Linie Yin: Packe das Problem an der Wurzel an.

Zweite Linie Yang: Du hast deine Kraft verloren. Suche Sicherheit und meide Gefahr.

Erste Linie Yin: Das Pferd, das zur Rettung eingesetzt wird, ist stark. Das verheißt Glück.

Zweite Linie Yang: Wenn es zur Auflösung kommt, suche Unterstützung, und die Reue schwindet.

Dritte Linie Yin: Er erhält die Hilfe anderer, und mit geteilter Kraft läßt sich das Problem überwinden.

Vierte Linie Yin: Gib angemessene Anleitung, und alle sind sich einig.

Fünfte Linie Yang: Er erholt sich von einem Leiden, und alles wird gut werden.

Oberste Linie Yang: Vergiß in Friedenszeiten die Gefahr nicht, und du wirst vorbereitet sein, wenn es zum Knall kommt.

Dritte Linie Yin: Er achtet nicht auf seine eigene Person. Das ist kein Grund zur Reue.

Vierte Linie Yin: Er löst die Gruppe auf. Das Glück wird kommen. Er zerstreut sich und sammelt sich dann an einem Erdwall.

Fünfte Linie Yang: Er ist schweißgebadet, wenn er laut ruft. Er hat nichts Falsches getan. Der König bleibt trotz der Auflösung. Keine Schuld.

Oberste Linie Yang: Er verschüttet sein Blut. Er geht weit fort. Es wird keine Fehler geben.

Dsiè

Beschränkung

Kenne deine Grenzen.

Erste Linie Yang: Er verstopft das Leck gleich am Anfang. Vorbeugende Maßnahmen sind eine Art der Erhaltung.

Zweite Linie Yang: Er verursacht eine Verstopfung. Das wird schlimme Folgen haben.

Erste Linie Yang: Er geht nicht in den Hof vor seiner Tür. Kein Schaden.

Zweite Linie Yang: Er geht nicht aus dem Hof innerhalb seines Tors. Unheil.

Dritte Linie Yin: Die Verstopfung führt zu einer Überschwemmung.

Vierte Linie Yin: Wenn man sich strikt an die Mäßigung hält, kann man Auswuchs und Schaden verhindern.

Fünfte Linie Yang: Er ist in seinem Handeln beschränkt, und das ist ein glücksverheißendes Zeichen.

Oberste Linie Yin: Übermäßige Beschränkung hat schlimme Folgen.

Dritte Linie Yin: Mangel an Beschränkung bringt Klagen, aber keinen Schaden.

Vierte Linie Yin: Stabile Beschränkung verheißt Glück.

Fünfte Linie Yang: Strenge Beschränkung verheißt Glück. Sein Voranschreiten wird gelobt.

Oberste Linie Yin: Bittere Beschränkung. Weitermachen bringt Unheil. Die Reue schwindet.

Dschung Fu

Innere
Wahrheit

Halte dich an den Weg der Mitte.

Erste Linie Yang: Sei vorsichtig in bezug auf deinen Umgang.

Zweite Linie Yang: Deine guten Qualitäten wecken in anderen eine Reaktion, und dein Einfluß verbreitet sich weiter, als du dir je vorstellen könntest.

Erste Linie Yang: Er ist vorbereitet. Das Glück wird kommen. Sonst wäre er unruhig, wenn das Unerwartete geschieht.

Zweite Linie Yang: Der Kranich ruft aus dem Dickicht, und sein Küken antwortet: "Ich habe einen feinen Becher und werde mit dir trinken".

Dritte Linie Yang: Du hast keine eigenen Fähigkeiten und verläßt dich zu viel auf andere. Deine Launen werden von anderen diktiert.

Vierte Linie Yin: Du mußt bescheiden und respektvoll sein und profane oder selbstsüchtige Unternehmungen meiden.

Fünfte Linie Yang: Er betrat den mittleren Weg und wankt nicht in seiner Tugend.

Oberste Linie Yang: Er ist profan und gierig. Er wird nicht überdauern.

Bestechung

Dritte Linie Yin: Er trifft Gefährten. Er schlägt die Trommel und hört dann auf. Er weint und singt dann.

Vierte Linie Yin: Der Mond ist beinahe voll. Das Pferd hat seinen Gefährten verloren. Kein Schaden.

Fünfte Linie Yang: Durch Treue an das gebunden, was recht ist, kommt er nicht zu Schaden.

Oberste Linie Yang: Der Hahn versucht, in den Himmel zu fliegen. Es bringt Unheil, beharrlich zu sein.

Siau Go

小过

Des Kleinen
Übergewicht

Handle zurückhaltend und achte auf die kleinen Dinge.

Erste Linie Yin: Je höher der
Aufstieg, desto tiefer der Fall.

Zweite Linie Yin: Ein geringes
Übermaß ist nichts Schlechtes.

Erste Linie Yin: Der Vogel im Flug. Unheil.
Zweite Linie Yin: Wenn du an der Großmutter vorbeigekommen bist und die Mutter triffst, oder wenn du den Herrscher nicht erreichst, aber den Minister triffst, gibt es keine Schuld.

Dritte Linie Yang: Versuche, nicht zu selbstbewußt zu sein, weil du andere dadurch eifersüchtig machst.

Vierte Linie Yang: Dränge dich anderen nicht auf. Lehre durch Beispiel.

Fünfte Linie Yin: Er weicht vom rechten Weg ab.

Beschlagnahme

Oberste Linie Yin: Dein Ehrgeiz ist zu groß und wird dich zu Fall bringen.

Dritte Linie Yang: Er wird von Verfolgern angegriffen, weil er nicht vorsichtig genug ist. Unheil.

Vierte Linie Yang: Kein Schaden. Anstatt vorbeizugehen, trifft er ihn. Gefahr ist im Anzug, sei auf der Hut. Mache nicht so weiter wie bisher.

Fünfte Linie Yin: Aus den Ländern des Westens kommt eine dichte Wolke, aber kein Regen. Der Herzog schießt und nimmt den Vogel aus dem Loch.

Oberste Linie Yin: Er geht vorbei ohne ein Treffen. Der Vogel fliegt und gerät ins Netz. Unheil. Es wird eine Katastrophe geben.

Gi Dsi

既
济

Nach der
Vollendung

Eine Phase deines Lebens hat ihren Höhepunkt erreicht.

Erste Linie Yang: Er gewinnt durch
eine letzte Anstrengung.

Zweite Linie Yin: Er herrscht ohne
eigensüchtige Motive. Es wird
Frieden und Stabilität geben.

Erste Linie Yang: Die Räder seines Wagens stecken im
Schlamm. Der Schwanz des Fuchses wird naß. Kein Schaden.
Zweite Linie Yin: Eine Frau verliert den Vorhang des Wagens. Sie darf ihm nicht nachjagen. In sieben Tagen wird sie
ihn zurückerhalten.

Dritte Linie Yang: Sei innerlich und äußerlich stark, so daß der Friede nicht vergänglich ist.

Vierte Linie Yin: Sei immer bereit, und es wird keinen Grund zur Reue geben.

Fünfte Linie Yang: Er haut zu sehr auf die Pauke, und Verfall setzt ein.

Oberste Linie Yin: Erfolg verwandelt sich in Mißerfolg.

Dritte Linie Yang: Der edle Vorfahr griff ein teuflisches Gebiet an, brauchte aber drei Jahre, um es zu unterwerfen. Man soll keine kleinlichen Menschen anstellen.

Vierte Linie Yin: Seine gefütterte Jacke wird naß. Er bleibt den ganzen Tag furchtsam.

Fünfte Linie Yang: Der östliche Nachbar schlachtet einen Ochsen, aber sein Opfer bringt keinen so großen Segen wie das bescheidene Opfer des westlichen Nachbarn.

Oberste Linie Yang: Sein Kopf wird naß. Das ist gefährlich.

We Dsi

未
济

Vor der
Vollendung

Das Ziel ist in Reichweite, aber feiere nicht zu früh.

Erste Linie Yin: Er ist sich seiner
Grenzen bewußt und setzt
sich der Gefahr aus.

Zweite Linie Yang: Er hält seine
Stellung und handelt
nicht unbedacht.

Erste Linie Yin: Sein Schwanz wird naß. Es wird Schwierigkeiten geben.
Zweite Linie Yang: Er bremst die Räder. Richtiges Verhalten
bringt Glück.

Dritte Linie Yin: Er weiß nicht, worauf er sich einläßt, und handelt unbedacht.

Vierte Linie Yang: Es ist Zeit zu handeln. Weiche nicht zurück.

Fünfte Linie Yin: Arbeite mit Menschen von Format, und der Erfolg liegt in deiner Reichweite.

Oberste Linie Yang: Er genießt Erfolg, aber der Erfolg hat seine Gefahren. Hochmut kommt vor den Fall.

Dritte Linie Yin: Er schreitet voran und trifft auf Unheil, bevor die Dinge zu Ende geführt sind. Es ist förderlich, den großen Fluß zu durchqueren.

Vierte Linie Yang: Integrität verspricht Gutes. Die Reue wird schwinden. Schreite zur Tat. Greif das teuflische Land an, und in drei Jahren wirst du durch ein großes Land belohnt werden.

Fünfte Linie Yin: Integrität wird Glück bringen. Es gibt keinen Grund zur Reue. Er hat den Ruhm des Weisen und ist aufrichtig. Das verheißt Glück.

Oberste Linie Yang: Es ist kein Makel, an das Trinken von Wein zu glauben, aber wenn du betrunken wirst, ist dieser Glaube nicht mehr angebracht.

Literaturhinweise

Adrian, Franciscus: *Die Schule des I-Ging. Hintergrundwissen,* München: Diederichs

Anthony, Carol K.: *Handbuch zum klassischen I-Ging,* München: Diederichs

dies.: *Meditationen zum I-Ging. Der andere Weg zum Verständnis der Orakeltexte,* München: Diederichs

Damian-Knight, Guy: *I-Ging für Manager. Entscheidungsfindung und Unternehmensstrategie mit dem alten chinesischen Orakel,* München: Heyne

Eichler, Norbert: *Das Buch der Wirklichkeit. Das I-Ging für das Wassermann-Zeitalter,* Reinbek bei Hamburg: Rowohlt

Govinda, Anagarika: *Die innere Struktur des I-Ging,* Freiburg: Aurum

Hanslian, Alois; Yazdtschi, Maryam: *I-Ging-Orakel. Die Weisheit des Tao,* München: Aquamarin

Höfler, Angelika: *I-Ging Ratgeber. Der geheimnisvolle Schlüssel zum Selbst, zum Partner und zum Leben. Leit-Linien für alle Handlungen und Wandlungen des Lebens,* Durach: Windpferd

Hook, Diana Pfarington: *I-Ging für Fortgeschrittene. Strukturen. Kräfte. Kimbinationen,* 3. Aufl., München: Diederichs

Markert, Christopher: *I-Ging. Das Buch der Wandlungen. Östliche Harmonielehre als Hilfe für ein erfülltes Leben,* München: Goldmann

Riseman, Tom: *Einführung in das I-Ging. Darstellung der Geschichte, Anleitung zur Befragung, Erläuterung zur Interpretation der Hexagramme,* Basel: Sphinx

Schönberger, Martin: *Verborgener Schlüssel zum Leben. Weltformel I-Ging im genetischen Code,* Bern/München/Wien: Barth

Secter, Michael: *Das I-Ging-Handbuch. Eine praktische Anleitung zum besseren Verständnis,* München: Diederichs

Shima, Miki: *I-Ging in der Heilkunst. Die Weisheit des inneren Arztes. Diagnose und Prognose des Gesundheitszustandes nach dem Buch der Wandlungen,* München: Diederichs

Stein, Diane: *I-Ging für Frauen. Buch der Wandlungen,* München: Frauenoffensive

Walter, Katya: *Chaosforschung, I-Ging und genetischer Code. Das Tao des Chaos,* München: Diederichs

Wilhelm, Hellmut: *Sinn des I-Ging,* München: Diederichs

Wilhelm, Richard: *Das Buch der Wandlungen,* 21. Aufl., München: Diederichs

ders.: *I-Ging. Text und Materialien,* München: Diederichs

Wing, R., L.: *Das Arbeitsbuch zum I-Ging. Anleitung zur praktischen Anwendung des Orakels im Alltag,* 8. Aufl., München: Hugendubel

Über Tan Hsiaotschun

Tan Hsiaotschun wurde 1949 in der Stadt Wuhan in der Provinz Hubei in China geboren. 1957 zog seine Familie nach Peking, der Hauptstadt Chinas. Während seiner Ausbildungszeit waren seine Interessen weit gestreut. Mathematik, Physik, Literatur und Philosophie gefielen ihm jedoch besonders gut. 1977 schloß er seine Ausbildung am Tianjin Art Institute ab. Seit damals ist er an der Herausgabe von Bildergeschichten in Buchform beteiligt.

Seiner Meinung nach verkörpert das I-Ging das Wesen der alten östlichen Weisheit und der modernen wissenschaftlichen Forschung des Westens. Deshalb beschloß er, es in Form von Comics vorzustellen.

Gegenwärtig arbeitet er als Verleger im People's Fine Arts Publishing House. Tan ist auch Mitglied verschiedener Kunstvereine und Organisationen, die sich auf die I-Ging-Forschung spezialisiert haben.

222

Das Schweigen des Weisen.
Lehrsprüche des Laotse

**Ausgewählt, bearbeitet und illustriert von
Tsai Tschih Tschung**

Laotse, der Begründer des Taoismus, warb in seinem *Taoteking* für einen spirituellen Weg der Sanftheit, Selbstlosigkeit, Nachgiebigkeit und Natürlichkeit, da die bloße Befriedigung materieller Wünsche den Menschen letztlich keine Befriedigung bringe.
Tsai Tschih Tschung, derzeit populärster chinesischer Cartoonist, stellt die Lehre des Laotse in leicht verständlicher Form vor. Mit unterhaltsamen Zeichnungen und Dialogen veranschaulicht er ausgewählte Lehrsprüche dieses chinesischen „Klassikers" und bietet den Lesern einen einfachen Weg, die Gedanken des großen Weisen zu verstehen.

102 Seiten, durchgehend illustriert,
Paperback (15 × 20,5 cm)
22,80 DM/22,80 sFr./178,– öS, ISBN 3-924077-58-4

Die Musik der Natur.
Lehrsprüche des Dschuang Dsi

**Ausgewählt, bearbeitet und illustriert von
Tsai Tschih Tschung**

Dschuang Dsi gilt neben Laotse als der bedeutendste Vertreter des Taoismus. Manche seiner nonkonformistischen und oft humorvollen Ansichten mögen heute veraltet erscheinen, doch enthalten sie Bilder von solcher Schönheit und Aussagekraft, daß sie auch modernen Lesern Vergnügen und „Erleuchtung" bringen.
Tsai Tschih Tschung, Cartoonist aus Taiwan, erreicht gegenwärtig weltweit Millionenauflagen mit seinen Illustrationen zu Klassikern der chinesischen Philosophie und Literatur. In unterhaltsamen Bildergeschichten und einfachen Dialogen läßt er hier die Lehrsprüche des Dschuang Dsi lebendig werden.

134 Seiten, durchgehend illustriert,
Paperback (15 × 20,5 cm)
22,80 DM/22,80 sFr./178,– öS, ISBN 3-924077-60-6

Andrew Matthews:
So machst du dir Freunde

Anknüpfend an sein international erfolgreiches Buch *So geht's dir gut* nimmt Andrew Matthews nun unsere Beziehungen zu „den anderen" aufs Korn: zu denen, die wir lieben oder gerne kennenlernen würden; zu denen, die uns helfen, und denen, die von uns abhängig sind; zu denen, die wir gerne sehen, und zu solchen, denen wir lieber aus dem Weg gehen.
Hier können Sie lernen, …

- manchmal nein zu sagen;
- Kritik anzunehmen und Kritik zu üben;
- mit „Störern" und Propheten des Weltuntergangs umzugehen, ohne selbst die Freude zu verlieren;
- gegenüber Tratsch, Kleinlichkeit und Ärger die Oberhand zu behalten.

Der Autor macht deutlich, daß man zuerst selbst ein Freund sein muß, wenn man Freunde gewinnen will.

146 Seiten, 65 Illustrationen, Paperback
26,– DM/26,– sFr./203,– öS, ISBN 3-924077-35-5

Ein Taoist reitet den Wind.
Lehrsprüche des Liä Dsi

Ausgewählt, bearbeitet und illustriert von Tsai Tschih Tschung

Liä Dsi zählt zusammen mit Laotse und Dschuang Dsi zu den bedeutendsten taoistischen Weisen. Zwar ist er eine halblegendäre Gestalt, doch gilt das Buch, das seinen Namen trägt, als eines der wichtigsten und unterhaltsamsten der frühen taoistischen Klassiker. Tsai Tschih Tschung, der populäre chinesische Cartoonist, illustriert in leicht verständlicher Form die Lehrsprüche und kurzen Geschichten des Liä Dsi, in denen so universelle Themen beleuchtet werden wie die Freude zu leben, die Aussöhnung mit dem Tod, der Wert der Spontaneität, die Identität von Traum und Wirklichkeit oder die Grenzen des menschlichen Wissens.

150 Seiten (15 × 20,5 cm), durchg. illustr., Paperback, 24,80 DM/24,80 sFr./194,– öS
ISBN 3-924077-58-4

Die Freiheit des Geistes.
Ein Buch vom Zen

Ausgewählt, bearbeitet und illustriert von Tsai Tschih Tschung

Zen ist Leben. Zen sieht in der Kunst, von innen heraus zu leben, die vornehmste Bestimmung des Menschen. Statt Regeln für die Lebensführung vorzugeben, glaubt Zen an das Aufblühen einer natürlichen Güte. Diese Unabhängigkeit des Geistes von äußeren Zwängen kann nur eintreten, wenn der Mensch sein Ego überwindet und eins wird mit dem Strom des Lebens ...

Anekdoten und Parabeln vom Beginn des Zen mit Buddhas Erleuchtung in Indien bis zu den japanischen Zenmeistern des 19. Jahrhunderts – in Szene gesetzt von einem souveränen Illustrator chinesischer Klassiker.

150 Seiten (15 × 20,5 cm), durchg. illustr., Paperback, 24,80 DM/24,80 sFr./194,– öS
ISBN 3-924077-57-6

Das INSTITUT FÜR ANGEWANDTE KINESIOLOGIE FREIBURG veranstaltet laufend Kurse in *Touch For Health (Gesund durch Berühren)*, in *Edu-Kinestetik*, in *Entwicklungskinesiologie* und in allen anderen Bereichen der Angewandten Kinesiologie. Dank enger persönlicher Kontakte zu den Pionieren der AK ist das Institut in der Lage, ständig die neuesten Entwicklungen auf diesem Gebiet zu präsentieren.

Außerdem fördert das Institut die Verbreitung der Angewandten Kinesiologie im deutschsprachigen Raum durch Literaturempfehlungen und Adressenvermittlung. Wer an der Arbeit des Instituts interessiert ist, kann kostenlose Unterlagen anfordern bei:

INSTITUT FÜR ANGEWANDTE KINESIOLOGIE FREIBURG
Zasiusstraße 67
D-79102 Freiburg
Telefon 07 61-7 27 29, Telefax 07 61-70 63 84